O que devo fazer?

Dados Internacionais de Catalogação na Publicação (CIP)
(Câmara Brasileira do Livro, SP, Brasil)

Grün, Anselm
O que devo fazer? : respostas a questões que a vida coloca / Anselm Grün ; tradução de Antonio Celiomar Pinto de Lima. – Petrópolis, RJ : Vozes, 2009.

Título original: "Was soll ich tun?" Antworten auf Fragen, die das Leben stellt
ISBN 978-85-326-3907-3

1. Autoconhecimento 2. Conduta de vida
3. Crescimento espiritual 4. Crescimento pessoal
5. Perguntas e respostas 6. Realização pessoal
7. Vida I. Título.

09-07136 CDD-158.1

Índices para catálogo sistemático:
1. Autorrealização : Psicologia aplicada 158.1
2. Sentido da vida : Psicologia aplicada 158.1

ANSELM GRÜN

O que devo fazer?

Respostas a questões que a vida coloca

Tradução de

ANTONIO CELIOMAR PINTO DE LIMA

Nobilis

VOZES

Diretor editorial
Frei Antônio Moser

Editores
Ana Paula Santos Matos
José Maria da Silva
Lídio Peretti
Marilac Loraine Oleniki

Secretário executivo
João Batista Kreuch

Editoração: Sheila Ferreira Neiva
Projeto gráfico: Victor Mauricio Bello
Capa: Wm Design

ISBN 978-85-326-3907-3 (edição brasileira)
ISBN 978-3-451-29985-8 (edição alemã)

Editado conforme o novo acordo ortográfico.

Este livro foi composto e impresso pela Editora Vozes Ltda.

Sumário

Introdução

Diariamente recebo cartas nas quais as pessoas expõem seus problemas, querendo que eu lhes dê uma resposta; o que devem fazer em termos bem práticos. Perguntam-nos por um sentido e buscam ajuda e orientação na resolução de problemas concretos do dia a dia. Não gostariam que eu solucionasse seus problemas. Entretanto, gostariam de ser provocadas a pensar para poderem assim encontrar elas mesmas a solução. A julgar pelas muitas perguntas que eu recebo e que chegam diariamente às redações de revistas, pode-se presumir que hoje a falta de orientação tenha se tornado maior. Isto não vale certamente apenas para as pessoas comuns. Gerentes que são obrigados a ajustar suas empresas a mudanças rápidas no mercado buscam o conselho de especialistas, assim como políticos se deixam orientar por institutos de pesquisa em questões específicas graves. Já há muito não há apenas os "clássicos" consultores em questões de educação e matrimônio. Quer se trate de consultores para assuntos pessoais ou para atendimento a clientes, para questões de estilo ou de alimentação, de seguro ou de administração de bens, os consultores têm uma conjuntura específica. Consultoria para quase todos os âmbitos da vida tornou-se, ultimamente, um rentável negócio de prestação de serviços, e sociólogos cunharam o fenômeno com o conceito "sociedade de consultoria".

A vida tornou-se insegura; as biografias ou as decisões das pessoas não são mais determinadas apenas pelas tradições ou por outras diretrizes. O mundo como um todo comporta hoje mais riscos; não é mais inequívoco e transparente. Em consequência disto cabe sempre mais a cada um configurar individualmente sua própria vida. Como descreveu um psicólogo, as pessoas se enredam cada vez mais em uma espécie de labirinto de autoproblematização, autoquestionamento e autoasseguramento. E em muitas pessoas é grande a necessidade de encontrar uma saída desse labirinto e perguntar a outras pessoas como é que a vida pode dar certo e o que devemos fazer em uma situação concreta. Lançadas a si mesmas, estas pessoas são de tal modo envolvidas por suas dificuldades, que não conseguem integrá-las bem na totalidade da vida.

Que devemos fazer? Certamente, esta pergunta, que está por trás da busca de conselho e ajuda, não é também nada nova. É uma pergunta humana antiquíssima, e já moveu os filósofos gregos. Ao lado das perguntas "Quem sou eu? Que é o Ser?", era ela a pergunta fundamental a que os filósofos queriam responder. O evangelista Lucas põe por três vezes esta pergunta na boca das pessoas que acorrem a João Batista. E, quando Pedro faz sua pregação por ocasião de Pentecostes, esta vai ao âmago do coração dos ouvintes e eles perguntam a Pedro: "Que devemos fazer?" (At 2,37). Trata-se, portanto, de uma pergunta que nós lançamos todas as vezes que estamos perplexos, quando não sabemos ir adiante e também quando somos muito afetados por algo. Então nós perguntamos como devemos responder com nossa vida a esta ou aquela experiência profunda.

Quando eu penso na filosofia grega – por exemplo, na filosofia de um Sócrates –, então a pergunta pelo correto agir se torna para mim um tanto simpática. Porém, quando eu encaro a questão isoladamente, emerge então em mim o medo de que ela seja por demais moralizante.

A partir de minha abordagem espiritual e psicológica, é importante, antes de mais nada, perguntar: Quem sou eu? O que constitui o mistério de meu ser gente e de minha salvação? Só então se torna importante a pergunta pelo agir. O agir tem de emanar de uma experiência nova.

Por outro lado, algo dentro de mim reage contra esta pergunta "O que devo fazer?", posto que eu associo a isto receitas universais demasiadamente simples que nos são dadas em inúmeros livros de aconselhamento. Preferimos renunciar a conselhos baratos. E, além do mais, *Ratschläge* (conselhos), como já diz a língua alemã, são frequentemente *Schläge* (pancadas) que nos são dadas.

Diz o adágio: "Bom conselho é caro". Eu quero, portanto, evitar dar neste livro conselhos baratos: sugestões que são pregadas como um adesivo piedoso na aflição de quem pergunta ou que soam como uma receita que eu preciso apenas usar para alcançar um determinado resultado.

Diz um provérbio finlandês a respeito do conselho: "Um bom conselho é como a neve – quanto mais discretamente cai, tanto mais longamente permanece". Esta frase me agrada muito. Neste sentido, eu preferiria, portanto, dar respostas discretas às perguntas, na esperança de que o dito permaneça por mais tempo e possa fazer efeito na alma de leitores e leitoras.

A língua alemã é cheia de sabedoria. Ela emprega em um sentido positivo a palavra *Rat*, e designa com isto, originariamente, aquilo que nos é necessário para conduzirmos a vida. Neste sentido, nós falamos, por exemplo, de *Vorrat* (provisão) ou de *Hausrat* (utensílios domésticos). Somente no sentido derivado é que *Rat* designa então uma orientação, uma recomendação. Mas se chama também *Rat* a comunidade dos que aconselham. Ao *Ratschlag* ("aconselhamento") nós associamos inicialmente o fato de que com nosso *Rat* (conselho) nós damos no que pergunta um *Schlag* (pancada), portanto, um impulso eficaz. Entretanto, com isto se tem em mente que nós estabelecemos (*schlagen*) um círculo de aconselhamento, que nós delimitamos o círculo para o aconselhamento. Esta imagem me é mais simpática. Eu não gostaria de dar quaisquer conselhos que sejam uma pancada em quem pergunta, mas de delimitar um círculo dentro do qual possamos buscar uma solução.

Mais cara ainda do que a palavra "aconselhamento" (*Ratschlag*) me é a recomendação (*Empfehlung*). Eu tento expressar para o que pergunta uma recomendação. A palavra alemã *empfehlen* (recomendar) articula-se com *befehlen*. Entretanto, esta palavra não tem originariamente nada a ver com "dar ordens", mas, antes, com confiar, encomendar. A linguagem religiosa conhece a palavra ainda neste sentido: "Eu encomendo minha alma a Deus". Ou, como se diz no canto de Paul Gerhard: "Encomende seus caminhos e aquilo que incomoda seu coração ao cuidado fidelíssimo daquele que conduz o céu". As respostas que dou às perguntas eu gostaria de confiar ao leitor e à leitora para sua consideração e para que em seu próprio coração se forme uma resposta às perguntas.

Nas respostas que tento dar neste livro, eu não tenho a pretensão de resolver os problemas dos que lançam as perguntas. Mas, evidentemente, é útil às pessoas que perguntam quando alguém contempla sua situação de uma outra perspectiva. A mudança de perspectiva amplia o próprio olhar. Na maioria das vezes, já basta de fato mudar a perspectiva para ver um fato diferentemente e, assim, também mais claramente. E, de repente, as pessoas que perguntam podem, à luz de uma resposta dada por quem está fora, encontrar para si mesmas uma resposta.

Quando respondo, eu não fico por muito tempo refletindo para lá e para cá, mas escuto dentro de mim que palavras emergem em mim. Eu sei que não sou capaz de dar respostas definitivas. Antes de mais nada, eu não posso resolver os problemas das pessoas. A solução cada um tem de encontrar para si mesmo. Eu apenas posso formular alguns pensamentos a respeito das perguntas e desejar que eles tenham alguma eficácia. Às vezes, as reflexões de uma outra pessoa ajudam a ampliar de certo modo uma visão consolidada e cada vez mais estreita. Pois, às vezes, a pessoa é de tal modo solicitada por suas próprias dificuldades, que não sabe integrá-las corretamente no todo da vida. Aí é bom então dar um passo atrás e, a distância, ver direito se a pessoa não pode ver também sua vida a uma outra luz.

Em minhas respostas, eu parto de minhas próprias experiências. Mas, naturalmente, também de minha orientação espiritual e daquilo que aprendi dos psicólogos. Aqui eu não distingo se uma pergunta é mais psicológica ou mais espiritual. Ambas as coisas são importantes para mim: o lado psicológico e o lado espiritual. Eu escrevo o que me dita minha intuição, ou, melhor, o Espírito Santo. Eu confio minhas palavras ao que pergunta para que ele entre em sintonia com sua própria confiança em si mesmo. E eu lhe recomendo minhas palavras para que ele se familiarize com elas e as transforme em suas próprias palavras, para que as ponha em ligação com sua própria vida. Recomendar significa, originariamente, confiar à proteção. As palavras que eu escrevo como resposta às cartas devem servir de proteção à pessoa que se sente oprimida por suas carências e dificuldades. Elas devem ser como uma casa na qual a pessoa, com toda tranquilidade, toma em consideração sua vida e cria uma nova força para dar conta dela.

Na preparação para este livro eu fui naturalmente levado a questionar se tenho o direito de utilizar as perguntas de tantas pessoas para dar uma resposta. Eu desenraizei as perguntas da respectiva situação pessoal e as generalizei de modo a que a pessoa não mais seja identificável. Eu pus algumas das perguntas a mim trazidas também em um horizonte mais amplo, para que elas possam ser compreensíveis para muitos leitores e leitoras. Eu também não repeti simplesmente as respostas que escrevi em cartas pessoais. Essas cartas foram para mim apenas o pano de fundo e o ponto de partida para a formulação das respostas que seguem, e nisto eu tinha sempre em vista pessoas que pudessem ter perguntas semelhantes. Espero, portanto, que muitos leitores e leitoras se reencontrem neste livro e, ao lerem as respostas, descubram para si mesmos um meio de poder dar respostas a suas próprias perguntas.

CAPÍTULO 1

Pais e filhos, família

Quando conversamos mais intensamente e mais de perto com outras pessoas, então são quase sempre tematizadas as relações com seus próprios pais. Aí há mágoas da infância. E há problemas na relação atual com os pais. É natural que haja mágoas. Mas, em algum momento, nós não deveríamos mais atribuir as feridas aos pais, e sim assumir a responsabilidade por nossa infância. Ela foi assim como foi, com suas experiências positivas e negativas, com as raízes saudáveis e as mágoas que nós vivenciamos. É tarefa nossa reconciliarmo-nos com as mágoas e – como diz Santa Hildegard de Bingen – transformarmos as feridas em pérolas. Justamente ali onde fomos feridos, nós podemos descobrir e desenvolver também nossas habilidades pessoais. É já uma sabedoria da Antiguidade grega que apenas o médico ferido pode curar. Pois quem conhece as dores é capaz de compaixão.

Muitas vezes as mágoas da infância repercutem também na relação atual com os pais. Apenas tendo me reconciliado com minha história é que eu posso deixar meus pais serem como eles são, sem censurá-los por mágoas sofridas. Para poder deixar meus pais serem como são e ver também o que há de bom neles, eu tenho de me despedir antes de minhas expectativas em relação a eles. Nós todos temos expectativas em relação a uma mãe ideal e a um pai ideal. Entretanto, nossos pais não correspondem a essas expectativas. E também não têm de corresponder. Às vezes nós temos também de deplorar o fato de que nossos pais sejam assim como são, que a mãe seja fria e o pai seja tão fraco, que não possa nos dar nenhum apoio. Ao deplorarmos o que nós vivenciamos como deficiência em nossos pais, nós descobriremos também suas forças. Afinal, eles deram conta de sua vida. Nós ficamos curiosos, no sentido de querermos descobrir sua filosofia de vida. O que foi que lhes deu força? Como foi que eles deram conta dos desafios do mundo exterior? Como foi que eles se arranjaram com suas próprias mágoas? Que arte de viver eles desenvolveram para si mesmos? O deplorar nos liberta de acusarmos os pais ou termos pena de nós mesmos por termos esses pais. Pelo contrário, faz-nos curiosos, no sentido de refletirmos sobre sua vida, seu vir a ser, seu modo de conviver com as dificuldades, e reconhecermos o amor e o cuidado que eles tiveram pela família.

Um outro grande tema é a relação com os próprios filhos. Todos os pais têm a maior boa vontade de educar bem seus filhos. Mas, não raro, eles esbarram em seus próprios limites. Às vezes, têm a impressão de que seus filhos estão lhes escapando, de que estão trilhando caminhos totalmente diferentes.

Então vêm à tona sentimentos de culpa. Justamente na educação dos filhos e no acompanhamento de pessoas jovens nós experimentamos como dependemos da bênção de Deus. Não depende apenas de nós que aquilo que fazemos pelos filhos realmente traga bênçãos. Aqui não adianta muito apelar para a "autoridade" de certos livros de formação e se afogar em censuras pelo fato de alguém não corresponder a determinadas imagens ideais. Muito mais decisivo é educar os filhos com todo cuidado e amor, e nisto confiar também no próprio sentimento. E muito mais importante é confiar que a semente que nós plantamos em nossos filhos germinará num dado momento. E, se os filhos se desenvolverem de modo diverso, os pais podem confiar que seus filhos têm um anjo que os acompanha por todos os desvios e descaminhos e em algum momento os conduzirá ao caminho que lhes convém e os traz à vida.

NÓS sempre nos preocupamos muito com nosso filho e o protegemos. Em termos de escola, nós experimentamos tudo o que é possível – com convencimento, com gratificação, com reforço escolar dispendioso. Entretanto, meu filho não consegue passar para o Ginásio[1]. Eu mesmo provenho de condições modestas, pude estudar favorecido por circunstâncias felizes e sei como em nossa sociedade é decisivo "estar no páreo". Naturalmente, eu não quero expor nosso filho a nenhuma pressão excessivamente grande. Por outro lado, ao que parece, também não progredimos sem pressão.

Até que ponto nós podemos ser exigentes com o nosso filho?

Toda criança é única e tem sua aptidão especial. Nem sempre tem de ser a aptidão intelectual. Se seu filho não conseguir passar para o Ginásio, isto não é nenhum fim de mundo. Ele tem certamente outras aptidões que valem a pena descobrir e fomentar. Você também não deveria projetar as próprias expectativas na criança. Que forças tem ela? Onde é que ela floresce? O que poderia fluir nela? Confie que seu filho encontrará por si mesmo seu caminho, caminho esse no qual a vida dará certo. Entretanto, o dar certo não tem sempre de ser como nós imaginamos. Às vezes há também os retardatários, aqueles que

[1]Sistema de ensino alemão [N.E.].

só mais tarde despertam e adentram então o Ginásio ou frequentam outros cursos nos quais levam adiante sua formação. Há muitos caminhos para uma vida bem-sucedida. Confie na criança e confie que Deus mantém sobre ela sua mão bondosa e que seu anjo a acompanha e a conduz ao caminho no qual ela possa crescer em sua unicidade e singularidade.

Decisivo é que nós nos perguntemos de que é que *a criança* precisa para poder também desenvolver suas *aptidões*.

Você fala da pressão sem a qual nós não vamos adiante. Naturalmente, seu filho não pode simplesmente se entregar a seus caprichos. Ele precisa do desafio. E precisa de limites que o instiguem. Sem desafio e sem limites, a criança não crescerá. Mas, para os pais, é sempre um caminhar na corda bamba: até que ponto os limites que eu estabeleci eram estreitos, e quanto se deve exigir das crianças? Decisivo é que nós não projetemos nossas expectativas na criança, mas, pelo contrário, nos perguntemos de que é que a criança precisa para poder também desenvolver suas aptidões. Infelizmente, há também crianças que usam o fato de serem menos talentosas como desculpa para não se esforçarem. Entretanto, isto não lhes faz bem. Desafie, portanto, a criança – mas, de tal modo, que aquilo que está nela possa crescer. E acredite em seu filho. O acreditar o faz crescer. E você precisa ter esperança naquilo que não vê ainda. Ter esperança não significa ter certas expectativas para a criança. Antes, eu espero para a criança e tenho esperança que a criança venha também a desenvolver aquilo que ainda está oculto nela. Sua esperança é o melhor adubo para a semente escondida que gostaria de germinar na criança.

EM minha juventude, eu gozei de uma educação bastante rígida e carregada de muitas proibições, sobretudo no tocante à sexualidade, e ainda hoje sofro com isto. Eu gostaria de poupar meus filhos de uma educação tão carregada de medo e ameaças. Também eles não aceitariam isto. E, por outro lado, eu não quero cair em uma pura falta de critérios, tal qual observo por toda parte ao nosso redor.

Onde é que eu deveria pôr os limites?

Fale com seus filhos a respeito do que você pensa sobre sexualidade. E fale então de sua experiência com a sexualidade, falando naturalmente também da educação rígida, mas também dos critérios que você mesmo experienciou como corretos na vivência da sexualidade. Se vocês chegarem a um consenso quanto ao sentido da sexualidade, então você pode também estabelecer limites. Os limites não são arbitrários. Com os limites você apenas está lembrando a seus filhos o verdadeiro sentido da sexualidade, sobre o qual vocês chegaram a um consenso na conversa. Se na conversa vocês não tiverem chegado a um consenso, então confie em seu sentimento. Se as crianças ainda estiverem novinhas demais para tomarem decisões responsáveis a respeito da sexualidade, então você pode simplesmente con-

Justamente em nosso mundo, no qual tudo parece ser permitido, as crianças anseiam por *clareza*.

fiar no seu próprio sentimento. Você pode tranquilamente esperar de seus filhos que compreendam que você não possa permitir à namorada, que nem tem ainda 16 anos, pernoitar com seu filho em um quarto. Pode ser que seus filhos o considerem antiquado e conservador. Se você estiver convencido de algo, então não tem de se deixar intimidar por tais censuras. Esta é a tentativa de pressioná-lo a retroceder em suas decisões. Mas, na verdade, crianças anseiam por limites claros. Mesmo xingando-o por isto, as crianças o respeitarão e ao mesmo tempo se manterão dentro dos limites. Naturalmente, não pode se tratar de estabelecer limites arbitrariamente. Para isto se requer uma reflexão madura. Justamente em nosso mundo, no qual tudo parece ser permitido, as crianças anseiam por clareza. Mas anseiam também por ser compreendidas. Elas gostariam de ser tomadas a sério. Portanto, pergunte a seus filhos como é que eles mesmos veem a sexualidade e o que é que eles esperam dela. Muitos adolescentes têm tranquilamente uma percepção saudável da essência da sexualidade, a qual apenas pode ser vivenciada como algo gratificante ali onde eu experimento segurança, vínculo, aceitação e fidelidade.

NÓS temos três filhos. Como conseguiremos educar nossos filhos para serem pessoas conscientes dos valores, gratas, solícitas e sensíveis em termos religiosos, se estes são valores que quase não têm mais importância na vida prática de nossa "sociedade de vencedores e egoístas"?

O que é o mais importante na educação das crianças?

É importante que você faça com que seus filhos saibam que são valiosos e únicos. Isto não pode ser mostrado com palavras. Isto as crianças têm de sentir através do modo como você convive com elas. Valores tornam a vida valiosa. Valores mostram-nos nossa própria dignidade. Gratidão não se pode ordenar. Mas pode-se ensinar a gratidão às crianças, por exemplo, quando por ocasião da oração à mesa você mesmo agradece pelos dons recebidos ou quando à noite você agradece com seus filhos por tudo que hoje recebeu de Deus. E as crianças aprendem a solicitude justamente no agir concreto na família, ao participarem nos trabalhos concretos na família – lavando as vasilhas, fazendo compras e fazendo a limpeza na casa. Você pode confiar que o comportamento social aprendido na família pelas crianças também irá adiante. Com apelos morais nós não conseguimos forçar nenhuma solicitude. Porém, a vivência concreta fica impregnada nos corações das crianças. Mesmo se às vezes se perde, ela permanecerá no coração e emergirá sempre. Às vezes é naturalmente útil conversar com as crianças sobre o que é que torna um ser humano valioso. O que o faz valioso não é a roupa que ele veste, as marcas que usa ou o carro que dirige, mas seu próprio valor interior. Quem aprecia valores é ele mesmo também valioso. Seu valor é apreciado por outras pessoas. Isto também as crianças sentem, e isto também as fortalece interiormente.

Quem aprecia *valores* é ele mesmo também valioso. Isto também as crianças sentem.

UMA vez que o mundo inteiro está sob a influência da mídia e as crianças não podem mais conversar em casa de seus amigos se também não tiverem o celular mais novo ou não tiverem visto na televisão os programas sobre os quais seus colegas de classe também falam, como podemos nós, como pais, reagir?

Será que nós ainda podemos proteger nossos filhos do mundo da mídia?

Você não pode proteger totalmente seus filhos da mídia. Você não pode construir um mundo saudável no qual não exista essa mídia. Porém, você pode educar seus filhos para um uso comedido da mídia. Em vez de sempre ver televisão passivamente, seria melhor se as crianças brincassem umas com as outras ou com os pais. Com efeito, a televisão é frequentemente um substitutivo para a falta de atenção. Quando as crianças sentem a proximidade de seus pais, elas não ficam viciadas em televisão. No que diz respeito à comparação com outras crianças, seria importante ensinar as crianças a reconhecer seu próprio valor. Quem possui bastante autoestima não precisa concorrer com outros com o celular mais novo ou com os programas de televisão. As crianças devem, antes, anunciar cheias de orgulho que não

Da parte dos pais precisa haver as duas coisas: *coragem* e, ao mesmo tempo, uma *dedicação* amorosa.

precisam necessariamente ver esse ou aquele programa. O sociólogo Helmut Schelsky disse uma vez que as elites sempre se distinguiram pela ascese, portanto, pela renúncia consciente a prazer e consumo. Quem quiser educar seus filhos para serem pessoas autoconfiantes tem de estabelecer limites, não porque proíbe algo, mas porque dá às crianças a chance de crescerem realmente. Quem fica o tempo todo sentado perante o televisor ou o computador não leva adiante seu crescimento interno. Mas também da parte dos pais precisa haver bastante autoconfiança quando os filhos alegam que as outras crianças vestem roupas de marca, têm o celular mais novo e podem ver qualquer tipo de programa de televisão. Com tais censuras os filhos querem não só levar seus pais a sentir remorso, mas também querem testá-los para ver se eles se deixam envolver ou se conseguem resistir. Se os pais, em conversa com os filhos, permanecerem lúcidos, isso causará uma forte impressão nos filhos. Eles esperam, de fato, que seus pais não sejam como muitos outros que realizam todos os desejos dos filhos apenas para não serem incomodados. Mesmo se os censuram, seus filhos em algum momento irão estar orgulhosos dos pais. Dirão então: "Meus pais, pelo menos, se preocupam comigo. Eles debatem comigo. Eles também brigam comigo, e não cedem de imediato". Os filhos têm uma enorme capacidade de perceber se seus pais têm a coragem de debater com eles ou se são covardes demais para isto e fazem o que todos querem. Portanto, da parte dos pais precisa haver as duas coisas: coragem e, ao mesmo tempo, uma dedicação amorosa. Só assim se pode ensinar aos filhos que há outros valores além de possuir tudo o que os outros possuem.

AOS 39 anos de idade eu engravidei pela primeira vez, e fiquei muito feliz por isto. Meu ginecologista me recomenda agora insistentemente um diagnóstico pré-natal. Também minhas amigas me animam a fazer o mesmo. Eu mesma não quero fazer isto, e penso que a gente deve aceitar a vida assim como ela vem. Porém, mesmo meu parceiro tendo uma concepção semelhante, eu noto que neste ponto, em última instância, estou sozinha.

E então vem de novo o medo de uma criança deficiente.

Confie em seu próprio sentimento. Mesmo estando sozinha neste ponto, é seu sentimento que está em causa. E isto é mais importante do que as opiniões das amigas. Eu gostaria apenas de lhe contar dois exemplos que eu mesmo presenciei. Um médico recomendou a duas mulheres que fizessem aborto, pois que as crianças seriam deficientes. Cada uma das duas mulheres decidiu-se pela criança. E ambas as crianças são até hoje saudáveis. O diagnóstico pré-natal deixou as duas mães totalmente transtornadas e às voltas com grandes problemas de consciência durante sete ou oito meses. Nem sempre um diagnóstico é correto. Frequentemente, ele se deve ao medo de que a

Uma criança é sempre um *mistério*. Também uma criança saudável pode tornar-se motivo de *preocupação*, e uma criança deficiente pode tornar-se uma *bênção*.

criança pudesse ser deficiente. Ponha seu filho e a si mesma na mão de Deus e confie que sua mão os protege. Mesmo sendo deficiente, a criança poderia tornar-se uma bênção para a família. Entregue-se a Deus. Isso lhe dá liberdade e confiança. E converse com seu parceiro sobre o que o angustia. Frequentemente os homens pensam que tudo seria factível ou controlável. Porém, isto não vale para a criança. Uma criança é sempre um mistério. Também uma criança saudável pode tornar-se motivo de preocupação, e uma criança deficiente pode tornar-se uma bênção. Nós estamos às voltas com um presente, e precisamos crer e confiar que Deus fará da criança que está em crescimento um ser humano único e singular que se torne uma bênção para nós.

NÓS temos uma criança deficiente de nascença. Naquele tempo, nosso casamento quase ruiu em virtude desse problema. Enquanto a pequena – hoje ela tem oito anos – estiver na família, nós poderemos ajudá-la e estar ao seu lado. Eu temo pelo que possa acontecer à minha filha. Hoje a sociedade não é constituída de modo que as pessoas fragilizadas tenham uma chance.

O que acontecerá quando nós não pudermos mais ajudar?

Não se deixe paralisar pelo seu *medo*. Pelo contrário, fale com o seu medo.

Em primeiro lugar, você pode ser grata por dedicar tanto amor à sua filha e ajudá-la com todas as suas forças. E pode confiar que não é só você que cuida de sua filha. Naturalmente, você não deveria simplesmente transferir o cuidado para Deus apenas. Entretanto, confiar que Ele mantém sua mão sobre sua filha pode ser para você um alívio. Nessa confiança você haverá também de encontrar soluções e caminhos bem concretos. Há as casas de assistência ou instituições semelhantes que nossa sociedade oferece prontamente para possibilitar a crianças deficientes uma vida prazerosa. Às vezes, pessoas deficientes sentem-se em casa nessas instituições. Não se deixe paralisar pelo seu medo. Pelo contrário, fale com o seu medo. Seu medo pode desencadear em você fantasias para encontrar soluções para sua filha, de modo que ela possa viver sua vida. Mas, enquanto ela estiver em sua companhia, vivencie diariamente o mistério da criança. Não apenas nós damos algo à criança deficiente. A criança também nos dá algo. Ela tem frequentemente uma profundidade que nos abre o olhar para o mistério de nossa própria vida. Pergunte-se qual é a mensagem de sua filha para você e sua família, que bênção a criança – apesar de todos os problemas – traz para você e sua família.

MEU filho pequeno – no momento ele tem quatro anos – gosta de vestir roupas de menina. Minha mãe já me alerta sobre a possibilidade de um dia ele se tornar homossexual. Eu não quero enlouquecer por causa disto. Por outro lado, eu também noto como isso me inquieta.

Qual é o meu modo correto de me comportar?

Se você se deixar inquietar demais pelo comportamento de seu filho, ele há de perceber isso. É melhor que você fale com ele a esse respeito, mas não em um tom de preocupação ou mesmo de censura. Não projete seus próprios medos na questão. É a coisa mais natural do mundo que ele seja curioso, que ele examine sua própria identidade. Encare seu comportamento como curiosidade, como uma forma de alguém, na primeira infância, investigar qual a diferença entre menino e menina. Pergunte-lhe, simplesmente, o que tanto lhe agrada nas roupas de menina. Entretanto, não introduza na pergunta quaisquer segundas intenções. Você está simplesmente conversando com seu filho sobre seu agir. Você pode também perguntar-lhe se ele prefere ser uma menina ou um menino e por quê. Quanto mais tranquila e abertamente você falar com seu filho a esse

Não existe uma *imagem* única *de homem.*

respeito, tanto mais rapidamente passará essa fase assaz normal. Se você reagir a isso com preocupação, provavelmente seu filho apenas permanecerá por mais tempo nessa fase. Pois então ele conhece um meio de vinculá-la a si e receber sua atenção. Para seu filho será certamente bom se ele puder brincar com outros meninos. E, se o pai se ocupar com ele, isso em todo caso lhe fará bem e será importante também para que ele desenvolva sua identidade. Porém, não existe uma imagem única de homem. Cada menino precisa desenvolver sua identidade pessoal como homem.

NÓS educamos nossa filha segundo princípios cristãos. Para nossa alegria, ela chegou mesmo a estudar teologia por alguns semestres. Então conheceu em Israel um palestino muçulmano, apaixonou-se e se casou com ele. Ela se tornou muçulmana, tem filhos e mora na Palestina. Seu marido lhe proíbe hoje de viajar para a Alemanha e de nos deixar ver nossos netos. Em face desta experiência, eu me pergunto:

Que significa essa história de diálogo com o Islã?

Eu bem posso entender a sua dor. Não poder ver os próprios netos é uma grave ofensa. Você se sente impotente porque sua filha é totalmente submissa ao marido. Isso vai contra nossa imagem de casamento e de liberdade. Dói ver que a própria filha se deixou arrastar. Talvez ela estivesse inicialmente fascinada pelo fato de um rapaz viver tão radicalmente sua fé. Talvez também o amor a tenha deixado cega. Agora ela está nessa situação. Você pode apenas ter esperança e rezar para que a estreiteza – tanto de sua filha quanto do marido dela – dê lugar, pouco a pouco, à amplidão. Quem se fecha assim é sempre alguém que está com medo. E, quando as pessoas estão marcadas pelo medo, é difícil iniciar um diálogo com elas. Pois o medo faz com que

O *medo* faz com que os olhos se fechem para aquilo que o outro *está vivendo*.

os olhos se fechem para aquilo que o outro está vivendo. Não perca a esperança de um dia ver seus netos. Talvez as próprias crianças se libertem da estreiteza. Elas têm um anjo que as guia. Confie que o anjo as conduz para a amplidão. Enquanto alguém está com medo, não consegue conduzir um diálogo. Uma pessoa possuída pelo medo é incapaz de diálogo. Graças a Deus, há também outros muçulmanos que são tolerantes e abertos para o diálogo. Porém, você deve também introduzir nesse diálogo sua experiência de uma convivência malograda. Ela nos preserva de uma harmonização barata e aguça o olhar para a realidade.

EU amo certamente a minha mãe, porém sofro às vezes com o amor que ela me dedica. Ela busca em mim o amor que ela mesma nunca experimentou junto de sua própria mãe – e nisso ultrapassa frequentemente o limite. Por exemplo, quando ela se intromete em minha vida ou quando eu noto como ela nunca se cansa de falar perante seus conhecidos de mim e de meus aparentes êxitos.

Como é que eu posso estabelecer limites sem ferir?

Assim você *protege* seu próprio limite.

Você não pode mudar sua mãe. Você apenas pode determinar você mesma o limite. Se ela se intromete em sua vida, você pode determinar o que quer e o que não quer contar para ela. Quando sua mãe lhe der conselhos, não se irrite; escute o que ela diz, porém não se deixe impressionar por isso. Melhor é não dar ouvidos aos conselhos. Não faz sentido discutir a esse respeito. Escute os desejos de sua mãe, mas depois escute seu próprio coração e diga claramente: não, eu não quero isto, ou eu não posso fazer isto. Uma boa imagem para sua convivência com sua mãe seria a seguinte: Imagine-se indo ao teatro. Você olha, mas não participa da encenação. Você vê que papéis sua mãe desempenha. Em vez de formular um juízo de valor sobre essas encenações, você procura compreendê-las como se fosse uma espectadora. Porém, você não encena junto. Você não se deixa arrastar. Você protege seu próprio limite, o limite entre o palco no qual sua mãe encena e você, que está sentada na plateia. Então vai se tornando mais fácil para você o contato com sua mãe. Você não se submete à pressão de ter de reagir a toda cobrança ou instrução de sua mãe.

Quando sua mãe fala de você e de seus êxitos perante os conhecidos dela, você não pode mudar muito isso. Sua mãe está, afinal, orgulhosa de você. Ela precisa disso. Se você mesma estiver presente por ocasião de tais conversas, então pode mandar sua mãe parar e lhe dizer que não quer isso. Mas, se em sua ausência ela falar de você, então encare isso com bom humor. É também um sinal de que sua mãe está orgulhosa de você e a ama. Tome isso como expressão do amor dela por você.

EU me preocupo com minha filha já adulta, que está totalmente engajada na profissão e, além disso – ao que me parece, até o limite da própria saúde –, ainda tem a família com três filhos e um marido complicado e também assume cargos honorários na comunidade. Eu gostaria de ajudá-la e fazer algumas coisas em seu lugar. Mas está claro que com minha solicitude eu a enervo, e ela não quer de maneira nenhuma a minha ajuda. Ela diz que é forte e autônoma, e me censura por me intrometer em sua vida.

Entretanto, eu quero apenas o melhor para ela.

Eu entendo muito bem como lhe dói ver sua filha sobrecarregando-se. Porém, sua filha é adulta e é responsável por si mesma. Respeite o limite posto pela sua filha. Provavelmente, sua filha precisa desse limite para poder viver sua própria vida. Naturalmente, é doloroso para a mãe perceber que a filha cuida tão pouco de si. Mas sua filha tem de reconhecer ela mesma os próprios limites. E esse limite nós só reconhecemos quando o ultrapassamos. Tente confiar que sua filha virá a reconhecer seu limite. E reze por ela, para que sua vida se torne uma bênção para ela e sua família.

Nós precisamos de *limites* para poder viver nossa própria vida.

Você pode comunicar à sua filha a preocupação que você sente, sobretudo quando ela adoece de tanto trabalhar. Porém, você apenas pode oferecer sua ajuda. Sua filha tem de aprender por si mesma a se limitar. Se ela sente prazer em engajar-se, não só pela família e pela profissão, mas também pela comunidade, você não deve tirar isto dela. Talvez ela precise disso para testar suas próprias aptidões. Tente compreender sua filha. O que você não entender pode dizer a ela com toda tranquilidade, mas sem censura, e sim como expressão de sua preocupação e de seu amor por ela. Sua filha deve ter o sentimento de que você a deixa viver livremente, porém está sempre disposta a ajudá-la quando ela precisar de sua ajuda. Se sua filha sentir essa liberdade, ela também irá pedir novamente sua ajuda.

MINHA filha, que saiu de casa e se mudou para uma grande cidade para assumir um trabalho, caiu nas garras de uma seita. Nós, meu marido e eu, também não podemos mais falar com ela a esse respeito, uma vez que ultimamente ela não vem mais para casa. Nós estamos impotentes, e apenas podemos ver que a estamos perdendo. Nós também não a podemos "largar".

O que o senhor aconselha?
Nós estamos vendo como ela
caminha para a própria infelicidade.

É difícil para os pais ver a filha se deixando influenciar por uma seita e ser arrastada por isto, talvez perdendo sua própria liberdade. Mas, uma vez que sua filha também não vem mais para casa, você não tem nenhuma possibilidade de influenciá-la. Você apenas pode rezar por ela e esperar. Confiar que ela mesma, em algum momento, sentirá que isso não é caminho para ela. No início, uma seita parece frequentemente ser uma estabilização para pessoas que têm uma baixa autoestima. Talvez sua filha esteja também fascinada pela clareza e radicalidade da seita. Não tenha remorso. Confie que aquilo que você ofereceu à sua filha se imporá em algum momento. Reze para que sua filha se torne interiormente mais forte e, então, se

Você pode confiar que um *anjo* a acompanha e a conduz também por *desvios* e *descaminhos*.

livre novamente das garras da seita. Você pode escrever-lhe uma carta. Mas pode tranquilamente acontecer que sua filha devolva a carta. Se você escrever uma carta, faça-o então sem censuras à filha ou à seita. Fale-lhe apenas de sua preocupação e de sua abertura. Sua filha deve saber que os pais têm sempre uma casa de portas abertas e que a todo momento ela pode contar com a ajuda dos pais. O que está acontecendo neste momento na alma de sua filha escapa ao nosso conhecimento. Alguma coisa na seita lhe agradou. Você pode confiar que um anjo acompanha sua filha e a conduz também por desvios e descaminhos. Reze para que o anjo a conduza ao caminho que leve sua filha a sentir os vestígios de sua própria vida.

NOSSO filho, apesar de uma boa formação, está desempregado. Agora ele decidiu mudar-se para uma ilha onde as pessoas passam férias no Oceano Índico e ali levar uma vida mais prazerosa. Para nós está claro que isso é uma fuga.

Ele não nos escuta mais.

É melhor *ouvir* do que persuadir alguém.

Pelo menos, seu filho tem coragem. Ele quer assumir sua própria vida. Você pode confiar que em um lugar distante ele encontrará seu caminho. Importante é apenas que você estabeleça limites em termos financeiros. Você pode ainda custear o voo. Mas lá ele tem então de cuidar de si mesmo. Ele não pode levar uma vida mais prazerosa à sua custa. Quando falar com ele, não o dissuada de seu desejo. Pelo contrário, pergunte-lhe que planos ele tem e como imagina realizá-los. Prefira ouvi-lo a persuadi-lo. Caso se sinta levado a sério, então seu filho também será mais livre para interromper o experimento, caso este venha a malograr. Você pode apenas delimitar o modo como pretende apoiá-lo e em que não pretende fazê-lo. Se ele tem esse desejo, deve também assumir a responsabilidade e refletir como pode realizá-lo. Tente ver positivamente a "loucura" de seu filho. Ele tem fantasia. Ele não se ajusta, simplesmente, mas, pelo contrário, tem sua própria concepção da vida. Se você se interessar pela sua filosofia de vida, talvez surja também um bom diálogo. E você tem parte na grandeza do seu filho.

MINHA mãe era uma mulher fria e ainda tem poder sobre mim, embora já esteja morta há alguns anos. Eu sempre ansiei pelo seu amor e também cuidei dela quando ela estava doente e acamada. Naquele tempo, ela também exigiu isso, e eu também não podia simplesmente deixá-la sozinha ou pô-la em um asilo. Ultimamente, eu sinto a ferida que ela deixou em mim em virtude da sua frieza. Com a cabeça eu sei que finalmente deveria me separar dela – e, apesar disso:

Eu ainda tenho dificuldade de me livrar dela.

É importante deixar mais uma vez que a ferida se manifeste. Sua mãe não realizou sua ânsia por demais profunda de amor, ternura e aconchego. Isso dói. Você não teve a mãe pela qual ansiava. Entretanto, ao permitir que sua dor se manifeste, você deveria também permitir que se manifeste a raiva de sua mãe e distanciar-se dela. Você deveria expulsá-la de seu coração. Somente assim você se livra dela. E você deve transformar a fúria em amor próprio: "Eu posso viver por mim mesma. Eu não preciso de minha mãe. Eu tenho, em mim mesma, sentimentos maternais em relação a mim. Eu trato maternalmente da criança ferida que há em mim". Confesse a si mesma que esteve em desvantagem.

Uma forma de se libertar é o *perdão*.

Mas, então, assuma a responsabilidade pela sua vida. Você passou por coisas terríveis. Entretanto, isso também a mantém viva. Isso a obriga a cuidar bem de si mesma e ser maternal para consigo mesma. Você precisa primeiramente se despedir de sua mãe, libertar-se dela. Uma forma de se libertar é o perdão. No perdão, você deixa que a dureza fique circunscrita à sua mãe. A vida é dela. Você lhe deu excessivo poder, por ter sempre cultivado a esperança de ser amada. Livre-se do poder de sua mãe. No perdão, você se liberta da energia negativa que ainda está em você em virtude da ferida. E então você caminha para o futuro, cheia de confiança. Você pode fazer algo daquilo por que passou. Você notará que ao seu redor há muitas pessoas carentes ansiando por amor. Talvez justamente em relação a essas pessoas você desenvolva sua capacidade de mostrar compreensão e ajudar, acompanhar outras pessoas e exercer sobre elas uma ação benfazeja. Quando tiver transformado sua ferida em uma pérola, você pode com mais facilidade se libertar interiormente de sua mãe e ter finalmente uma boa relação com ela, pois que se sente livre. E você pode também ser grata a sua mãe por aquilo que ela lhe deu. Talvez não tenha sido bastante para você. Mas foi sempre alguma coisa. E, para sua mãe, certamente foi muito. Foi o que ela pôde dar. A partir de sua própria história e estrutura, mais do que isto não lhe era possível.

DIFERENTEMENTE de meus irmãos, eu não tenho filhos. Entretanto, estou plenamente engajada na profissão. Ultimamente minha mãe envelheceu e, após a morte de meu pai, está ficando cada vez mais confusa. Eu nunca tive uma relação bastante calorosa e cordial com ela, porém me sinto obrigada a isto. Eu não posso mais deixá-la sozinha por muito tempo, porém não quero também que ela vá para um asilo. Meus irmãos não se incomodariam se nós puséssemos nossa mãe no asilo. Entretanto, eles contam comigo.

Na condição de filha, eu tenho de cuidar de tudo?

Infelizmente, ocorre frequentemente que os filhos transfiram para as filhas o cuidado com os pais. Porém, você não deve assumir sozinha a responsabilidade por sua mãe. Não dispense seus irmãos da obrigação. Promova uma reunião de família. Reflitam juntos sobre que caminhos são possíveis. Eu não me preocuparia com tudo sozinho. Pelo contrário, eu assumiria apenas minha parte na responsabilidade, tal qual vocês combinaram na conversa. Pode naturalmente acontecer que seus irmãos pretendessem pôr sua mãe no asilo a fim de se livrarem da responsabilidade. E, se você pretendesse cuidar dela, então

Lute para que possam juntos encontrar um *caminho* que seja *viável para todos.*

seus irmãos iriam pôr todo o peso sobre você. Lute para que possam encontrar juntos um caminho que seja viável para todos. Se seus irmãos não fizerem nada, então você tem de se perguntar se pode assumir sozinha o cuidado por sua mãe ou se isso não é uma sobrecarga para você. Se o peso for grande demais para você, então você tem de pensar também em si. Não é uma decisão fácil. Por isto eu lhe desejo boas conversas com seus irmãos e uma luta honesta por uma solução que seja boa para todos. Leve sempre em consideração também seus próprios limites. Você deve fazer por sua mãe o que é possível. Mas, se a longo prazo você se sobrecarregasse, isto seria nocivo para sua relação com sua mãe. Finalmente estará em causa cuidar de tal modo de sua mãe, que isto se torne uma bênção para toda a família.

CAPÍTULO 2

Profissão e cotidiano

Trata-se, sobretudo, de três âmbitos temáticos que são sempre abordados: a pressão na empresa para que a pessoa mostre sempre mais resultado; o problema de equilibrar profissão e família e vida privada; a convivência com chefes que não estão à altura de seu cargo, que realmente não sabem liderar. Há certamente ainda muitos outros campos temáticos que poderiam ser abordados. Porém estes são os três temas que, na maioria das vezes, afetam os consulentes.

A pressão à qual muitas pessoas são expostas em sua profissão é uma realidade que nós não podemos ignorar. A pressão vem, sobretudo, de fora. A empresa está em concorrência com outras empresas. Através da globalização, essa pressão tornou-se ainda maior. Há sempre mais empresas que baixam os próprios preços. Porém, nós não podemos produzir a preços sempre mais baixos. Nessa situação, as empresas têm de se concentrar sobre seus valores. Investigações no âmbito das ciências administrativas mostram que nós não obtemos o lucro por meio do preço, realizando mais vendas através de preços sempre mais baixos, mas por meio dos clientes fiéis. E os clientes fiéis estão interessados em outros valores: confiabilidade, honestidade, amabilidade, qualidade do trabalho, lealdade e capacidade de criar boas soluções.

Entretanto, a questão é como nós pessoalmente devemos conviver com a pressão. O modo como nós convivemos com isso depende sempre de nossa própria concepção de vida e de nossos modelos de vida. Há pessoas que avaliam imediatamente tudo o que fazem. Elas exercem pressão sobre si mesmas no sentido de fazer tudo com perfeição ou ser sempre mais rápidas e eficientes. Exercem pressão sobre si mesmas até mesmo na hora de passar a roupa ou aspirar o pó, e imaginam ter de fazer esses trabalhos cansativos no menor espaço de tempo possível. Mas, então, o trabalho não dá mais nenhum prazer. Elas não estão mais presentes no que fazem. Não conseguem descansar ao passar a roupa, e gostam de se entregar aos próprios pensamentos ou ouvir música ou um livro falado enquanto fazem algo simples. Tais pessoas reagem de modo muito sensível à pressão de fora. Elas se deixam sufocar, espremer pela pressão externa. Elas se sentem então permanentemente sobrecarregadas pela pressão. Porém, se eu encarar a pressão como desafio esportivo, não me sentirei esmagado. Eu desenvolvo sempre novas possibilidades de solução. Reajo criativamente à pressão externa, o que me deixa vivo. Porém, eu só sou capaz disto se, ao mesmo tempo, sentir uma liberdade interior em face da pressão. Nem sempre eu tenho de realizar a qualquer preço as exigências vindas de fora. Eu as encaro como desafio. Mas o que não dá não dá.

O segundo tema é a relação entre o engajamento profissional e a vida em família. Muitas pessoas não conseguem chegar a um equilíbrio entre a profissão e a família. A profissão consome toda a sua energia. Sobra sempre menos tempo para a família. Aqui, de repente, é importante que haja rituais que fechem a porta do trabalho para abrir a porta da família. Se na família eu ainda estiver ocupado com o trabalho, então não posso me dedicar realmente nem ao parceiro nem aos filhos. Então eu vivencio tudo como incômodo e sobrecarga. Porém, se através de um pequeno ritual – ou deixar o trabalho para tomar um fôlego, ou me libertar do trabalho a caminho de casa, ou em uma pequena oração me livrar do trabalho e me orientar para a família – eu tiver fechado a porta do trabalho, então posso me alegrar com a família. E então eu vivencio os filhos, não como incômodo, mas como uma parte do descanso. Posso brincar com todos eles e, nisto, me sentir livre de toda pressão externa. Ou, por outro lado, eu me volto para suas questões, as quais acrescentam algo à minha vida.

Ao lado do ritual, é necessário uma boa disciplina em relação ao tempo. A família precisa estar certa de que eu volto para a minha casa a tal ou tal hora. Quem tem muitas responsabilidades em sua empresa, frequentemente, só volta para casa quando já é tarde. Nem sempre podemos escapar disto. Mas então se torna tanto mais importante a confiabilidade. O parceiro tem de poder confiar que eu reservei pelo menos uma noite na semana para ele e para nós. Dessa noite não deveríamos abrir mão em nome de nenhum compromisso. É necessário haver tempos sagrados que são protegidos e que não podem ser profanados por desejos alheios ou exigências externas.

Rituais e disciplinamento do tempo nos ajudam a nos dedicar melhor à família. Mas, muitas vezes, falta a energia. As pessoas estão tão cansadas do trabalho, que em casa quase não têm energia para empreender algo com a família. A falta de energia é uma advertência para que prestemos mais atenção aos próprios limites. Entretanto, que eu vivencie a família como um peso ou como uma fonte de energia, isso depende também de minha atitude. Se eu sentir prazer com a família, ela me dará uma nova energia.

Eu sempre ouço queixas sobre chefes que não estão à altura de seu papel, que amedrontam, que sobrecarregam os colaboradores. No convívio com tais chefes, não há receitas patenteadas. O primeiro caminho consiste em proteger-se e, assim, libertar-se interiormente do poder do chefe. Eu posso então dizer cada vez para mim mesmo: "o outro só tem sobre mim a quantidade de poder que eu lhe conceder". Naturalmente, o chefe tem o poder exterior. Porém, que eu me deixe determinar interiormente por ele, isto depende de mim. O segundo caminho consistiria em compreender o chefe. Por que ele é assim? Talvez eu encontre então em seu medo ou em sua insegurança um motivo para seu comportamento. Compreender não significa que eu aceite tudo.

O compreender talvez me ajude a ter uma nova capacidade de resistência. Eu posso me posicionar melhor quando compreendo o outro. Eu o deixo estar; não me refiro a seus modos de agir comigo; pelo contrário, deixo-os ser dele. Isso me dá uma nova autonomia. O terceiro caminho consistiria em conviver com o chefe de um modo novo. Sendo interiormente livre em relação a ele, eu encontro às vezes também modos criativos de reagir a ele. Às vezes é o bom humor que ameniza muitas coisas. Às vezes é uma pergunta que eu lhe lanço e que o deixa inseguro. Decisivo é que eu esteja em uma boa relação comigo mesmo e com minha própria fonte, e não deixe que o comportamento do chefe turve a minha fonte.

MINHA profissão sempre me deu muito prazer, apesar de todo o estresse. Eu também sempre me esgotei até o limite de minha saúde. Com um novo chefe, tudo mudou. Ele exige sempre mais e mais de mim, e, por outro lado, também não consegue suportar que eu seja bem-sucedido. Até agora, eu não recebi ainda um único elogio sincero dele – mesmo quando os colegas me felicitaram por alguma realização especialmente boa. Os êxitos devem-se, via de regra, a ele; os outros ele nunca percebe. Mesmo sabendo e podendo dizer para mim mesmo que seu comportamento é imaturo e talvez até mesmo doentio, não adianta – eu sou molestado por esse permanente desprezo, e noto como eu mesmo adoeço pelo fato de não poder, infelizmente, pedir demissão.

O que é que eu posso fazer contra o desprezo?

Você analisou corretamente o comportamento do chefe. Ele é imaturo e narcisista. Gira apenas em torno de si mesmo e de sua própria grandeza. Por isto, ele não pode admitir nenhum bom colaborador a seu lado. Isso dói. Mas não lhe conceda assim tanto poder. Faça da imaturidade dele um motivo para ter mais respeito por si mesmo e entrar em sintonia consigo mesmo.

Você mesmo sente o que pode e onde é bem-sucedido. Não deixe que o desprezo do chefe estrague o seu êxito. Os outros estão vendo suas realizações. E você mesmo as vê. Encare a situação como um desafio para viver da própria fonte, e não da fonte da confirmação alheia. Ninguém lhe pode tirar a própria fonte do prazer com o trabalho ou também a fonte do Espírito Santo da qual você haure. Quanto mais você estiver em sintonia consigo mesmo, tanto menos o desprezo do chefe o oprimirá. Diga para si mesmo que você não precisa de maneira nenhuma do elogio dele. Pois você vive de si mesmo e de Deus, e não da atenção do seu chefe. Isto o faz mais livre, mais autônomo e mais forte.

Quanto mais você estiver em *sintonia* consigo mesmo, tanto menos o *desprezo* do chefe o oprimirá.

EM meu trabalho, eu vou sempre deixando para depois tudo o que é desagradável. Mas, então, eu vou sempre para o trabalho sob pressão. A pressão é tanto maior pelo fato de eu saber que ainda há muita coisa não resolvida esperando por mim.

Como é que eu posso aprender a enfrentar melhor as coisas?

É bom que você de manhã cedo planeje o que gostaria de fazer, por ordem de importância. O melhor é anotar primeiramente as coisas desagradáveis. Pois, enquanto você as adiar, a pressão será cada vez maior e você também não terá mais energia suficiente para aquilo que está resolvendo. Uma vez que haja resolvido as coisas desagradáveis, você terá mais força para aquilo que ainda falta fazer. Diga, simplesmente, para si mesmo: "Uma coisa depois da outra". Mesmo a tarefa mais complicada começa com o primeiro passo. Tente dar o primeiro passo, então os outros deixarão de ser assim tão difíceis. E o primeiro passo não tem de ser gigantesco. Pequenos passos já bastam para começar. Pergunte-se também por que isto ou aquilo é desagradável. O que você ganha com o fato de algo não lhe ser agradável? Você está com medo de se confrontar com alguém? Ou o problema não é assim tão fácil de se resolver?

Analise o que desagrada. Então você notará que os problemas podem se reduzir a algumas questões que devem ser resolvidas. Encare mais como um desafio esportivo o fazer coisas difíceis. Mas não se exponha à pressão. Pois a pressão o paralisa e lhe rouba toda energia. A pressão parece vir de fora. Porém, na realidade, frequentemente somos nós mesmos que nos pressionamos. Conserve sua liberdade interior em face dos desafios de fora.

Conserve sua *liberdade interior* em face dos desafios de fora.

EM minha profissão, eu sou sempre medido e avaliado apenas segundo o êxito. Mas, naturalmente, não podemos sempre ter apenas êxito. Talvez seja também uma questão de idade, mas o certo é que me faltam sempre mais o impulso e a motivação interior – e também a alegria de viver.

Como é que eu posso conviver com minhas próprias frustrações?

Você tem razão. Não podemos o tempo todo ter apenas êxito. Justamente com o envelhecer sentimos os próprios limites. A primeira tarefa seria, portanto, despedir-se das próprias exigências: Eu não tenho necessariamente de ser bem-sucedido. Eu me lanço às tarefas. Ponho nisso minha experiência. Porém, não me ponho sob a pressão de ter de mostrar sucesso a qualquer preço.

Você não precisa mais ter o impulso de sua juventude. Porém, você precisa de uma nova motivação. Talvez pudesse ser para você uma motivação imaginar o seguinte: "Eu tenho experiência. Eu a levo adiante. Sou equilibrado. Isso ninguém pode me tomar. Eu tento ser uma presença benfazeja para meus colaboradores. Não me deixo determinar pelas expectativas dos outros, senão que vivo minha própria vida". Tais imaginações podem motivá-lo a continuar agora aprendendo, não apenas no tocante ao saber profissional, mas também no plano pessoal. Encare seu trabalho como um desafio no sentido de crescer humana e espiritualmente. Para reencontrar sua alegria de viver, você precisaria ter momentos de descontração e de serenidade. Uma vez se escutando com serenidade, confie que, por baixo da dificuldade e da falta de vontade, jorrará em você uma fonte de alegria. Tente entrar em sintonia com essa alegria. E pergunte-se o que é que revigora essa alegria tão intensamente, a ponto de ela se tornar consciente. Talvez seja a música, talvez também a natureza. Busque aqueles lugares nos quais possa novamente entrar em sintonia com a alegria que existe dentro de você.

Se eu me libertar de medir a mim mesmo pelo meu *êxito*, então sou livre também do *julgamento* dos outros.

Veja o valor que há em você ter experiência, ser uma presença benfazeja, conviver bem com os colegas e corporificar a sabedoria do homem mais velho. Assuma sua própria idade e não se deixe contaminar pela mania de juventude que reina na empresa. Você tem na empresa uma função importante, independentemente de o chefe ver ou não isso. A avaliação por parte da empresa é para você um desafio no sentido de descobrir outros valores para si mesmo e vivenciá-los. Então sua vida torna-se valiosa. E você encontra um novo prazer nos valores e na sua vida.

Trata-se, sobretudo, de aceitar-se a si mesmo e ser grato pelo que é. Veja-se a si mesmo com bons olhos. Tenha respeito por si mesmo. Então você se torna mais independente da avaliação reinante na empresa.

A pressão em meu trabalho elevou-se constantemente nos últimos anos. Os colegas não são substituídos quando vão embora, não são admitidos novos colegas, e as tarefas que crescem são distribuídas pelos ombros que ficam. Eu me estresso e me sinto numa roda-viva, pois, além disso, tudo vai sempre mais depressa – e eu não me torno mais jovem. Eu não consigo mais me concentrar, pois o estresse me persegue também no tempo livre e no final de semana. Não sei mais onde eu mesma permaneço. Também não vejo como poderia reagir contra isso. Nos últimos tempos eu apenas anseio pela aposentadoria. Eu me sinto como dizia recentemente uma amiga:

"Isto não é a vida que eu queria."

A pressão de fora elevou-se, certamente. Porém, é também nossa responsabilidade não nos deixarmos esmagar. Nós não precisamos interiorizar a pressão. Nós deveríamos assumi-la como um desafio esportivo. Mas também o desportista não consegue realizar todas as expectativas. Ele tem de assumir seu próprio limite. É nossa tarefa mostrar ao chefe nosso próprio limite e também o limite de suas expectativas, em vez de nos deixarmos pressionar sempre mais. Esse é um dos caminhos. O outro caminho consiste em cultivar um pouco de higiene psíquica. Você diz que traz o estresse também para o tempo livre. Aí seria importante ter rituais que fechem a porta do trabalho. Sem se fechar a porta do trabalho, a porta do tempo livre não pode abrir-se. Você pode fechar a porta do trabalho ficando conscientemente sentada ainda alguns instantes no escritório e liberando-se de todo aborrecimento e pressão. Ou você pode também usar conscientemente o caminho de casa para liberar-se de tudo o que havia no trabalho. Ou, ao tomar banho, você deixa cair de si a sujeira interior e exterior e então, como um ser humano renovado, vai para o trabalho e o vivencia prazerosamente. Os rituais dão-lhe a sensação de que você mesma está vivendo, em vez de passar pela vida. E você dá a si mesma um tempo sagrado que lhe pertence e no qual ninguém pode mandar. Nesse tempo sagrado você pode descontrair-se. Aí você se sente você mesma. Aí desaparece toda pressão de fora.

Os *rituais* dão-nos a sensação de que nós mesmos estamos vivendo, em vez de passarmos pela vida.

EU trabalho em uma assim chamada instituição beneficente. Eu ia para o trabalho com muito entusiasmo. Ultimamente, eu noto sempre mais que também aqui o que conta mesmo é o dinheiro, e não a qualidade ética e as formas de comportamento humano, embora isso seja naturalmente propagado para quem está fora. Tudo o mais é subordinado ao êxito econômico e à pressão do economizar. Quem se opõe a isso é humilhado e não vai adiante.

Como é que eu posso conviver com essa ambiguidade?

Infelizmente, também as instituições beneficentes, as quais contribuem com um elevado idealismo, têm também seu lado sombrio. Pelo fato de normalmente estarem à disposição dos outros, as pessoas simplesmente não notam como estão dando vazão a suas carências de poder. A luta por dinheiro poderia ser de repente uma forma de dar vazão às próprias carências de poder. Por outro lado, as pessoas se desculpam dizendo que precisamos nos sustentar, pois do contrário todos ficariam desempregados. O desafio financeiro subsiste, com certeza. Porém, nós não podemos nos deixar tiranizar por pontos de vista econômicos. Mostre autoconfiança e lute para que não aconteça que as diretrizes sejam impressas em papel brilhoso e depois sejam engavetadas. Isto tiraria a motivação. Podemos apenas trabalhar direito se, de algum modo, a pretensão e a realidade coincidirem. Não faça acusações, pois assim os dirigentes assumem uma postura meramente defensiva. Entretanto, chame sempre a atenção para as diretrizes que foram elaboradas em comum. Leve seus colegas a questionar como uma tal ou tal medida coincide com as diretrizes. E seja cuidadoso no trato com as palavras. Onde será que nossa linguagem interna contradiz nossas altas pretensões? Nossa linguagem nos trai. Infelizmente, também em instituições beneficentes se fala frequentemente uma linguagem dura e fria. Nas reuniões, tire partido do modo como as pessoas falam. E confie que haverá ainda outras pessoas a seu lado que se identifiquem com seu modo de pensar. Se você se juntar a pessoas que pensam de modo semelhante, então os outros não podem passar por cima. Isso agirá sobre toda a instituição como um fermento. Não perca a esperança.

Seja *fermento*.
Não perca a *esperança*.

MEU superior é alguém que não quer tomar nenhuma decisão e gosta de pôr a responsabilidade sobre pessoas subordinadas a ele. Nisto, porém, ele eleva de tal modo as expectativas e define os pressupostos para uma decisão correta, que estes se tornam quase irrealizáveis. Naturalmente, eu também sou plenamente culpado e responsável quando algo dá errado.

Como é que eu devo me posicionar em relação a isso?

Não é fácil conviver com um chefe que não quer tomar nenhuma decisão e não está disposto a assumir a responsabilidade pela empresa, mas, pelo contrário, sempre põe toda a culpa sobre os outros. Em última instância, seu chefe está no lugar errado. Pois, quando um executivo não assume nenhuma responsabilidade pelas pessoas e pelas decisões, ele não lidera. Ali onde não há uma liderança, todos os colaboradores sofrem. No entanto, a questão é como você reage a isso. Você apenas pode compreender o comportamento e se comportar como um espectador que observa qual é a peça que o chefe hoje está encenando novamente, sem que você mesmo entre em cena junto com ele. Em nenhum caso eu assumiria a responsabilidade. Eu mostraria para ele o que acontece se ele não quiser decidir. Se você mesmo tiver tomado uma decisão que não deu bom resultado, então convém assumir a responsabilidade por isto. Porém, neste caso, eu diria ao mesmo tempo o que me faltou na decisão, em que seria necessário o respaldo dele. Sem o respaldo de cima, nenhuma decisão pode ter êxito. Não conceda assim tanto poder ao seu chefe. Ele sente necessidade de pôr a culpa sobre os outros. Porém, se você nem se justificar nem se desculpar, mas, pelo contrário, simplesmente deixar a coisa como está, então ele notará que não consegue mais exercer nenhum poder atribuindo a culpa aos outros. Incutir nos outros sentimentos de culpa é a forma mais sutil de se exercer poder. Disso você deve livrar-se interiormente. Então seu chefe em algum momento notará que não pode mais jogar este jogo com você.

Incutir em alguém *sentimentos de culpa* é a forma mais sutil de se exercer poder. Disso você deve livrar-se interiormente.

NOSSO ramo de atividade está sob pressão, em termos econômicos. E essa pressão é totalmente repassada aos colaboradores pela direção de nossa pequena empresa. Nosso chefe quer ver um êxito rápido, e as pessoas já estão sob ameaça de demissão. Eu sempre dei o melhor de mim, e me empenho muito em realizar um trabalho perfeito. Mas, no fundo, eu sou impotente. Nem posso ter sob controle as condições estruturais do êxito nem tenho nas mãos os fatores que, em última instância, o determinam.

Trabalhar mais ainda,
eu realmente não posso.

Se o ramo de atividade estiver sob pressão, em termos econômicos, então faz pouco sentido responder a isso apenas com um volume ainda maior de trabalho e de realização. Eu sugeriria, antes, que os executivos se reúnam e reflitam em comum sobre as chances que o mercado oferece e o que pode, a longo prazo, ajudar a empresa a sobreviver e se desenvolver saudavelmente. Se o chefe apenas quer ver um êxito rápido, isso no mais das vezes é um indício de que ele não está refletindo suficientemente sobre como a empresa deve responder aos desafios do tempo. E todos os colaboradores têm também de sofrer com essa concepção falha. Você não precisa sempre permitir que se ponha cada vez mais peso sobre si. Isso o sobrecarrega e o faz tornar-se amargo. Levante-se e tenha coragem de solicitar reuniões nas quais também os colaboradores possam participar e fazer propostas sobre como a empresa deveria proceder futuramente. Em tal situação, precisa-se, sobretudo, de fantasia e criatividade. Quais são os nossos pontos fortes? Quais são hoje as carências das pessoas? Como é que nós podemos reagir a isso? Lançando essas perguntas, você descobrirá novos caminhos para si e para sua empresa. Se, no entanto, aceitar toda pressão sobre si, então você se sente sempre mais impotente. E a pressão deixa as pessoas cegas. Nós trabalhamos sempre mais e simplesmente não sabemos por quê. Tome a imagem de Marta e Maria. Marta trabalha como dona de casa e se torna agressiva com sua irmã, que simplesmente escuta o que Jesus tem a lhe dizer. A empresa precisa primeiramente escutar direito que carência as pessoas têm. E ela deve escutar o que pensam os colaboradores. Isso frequentemente compensa mais do que um volume ainda maior de trabalho.

A pressão deixa as pessoas cegas. Trabalhamos sempre mais e, afinal, não sabemos *por quê*.

EM minha profissão, eu sempre dei tudo de mim. Ultimamente, sob uma pressão sempre maior, eu estou prestes a não aguentar mais. Sinto-me vazio, desgastado, sem vitalidade e sem criatividade. A cada dia, só com um esforço interior eu me arrasto até o escritório. Sei que não posso de fato deixar que ninguém perceba isso e que não posso confessar as minhas limitações, pois que a situação no mercado de trabalho – pelo menos em nosso ramo de atividade – não toma em consideração a pessoa individualmente.

Bem depressa, a pessoa é trocada, jogada fora e substituída.

Antes de confessar perante os superiores a minha limitação, eu escolheria um outro caminho. Eu cuidaria, antes de mais nada, de mim mesmo. O primeiro cuidado diz respeito à questão: De onde é que eu tiro a minha força? Se eu tiro a minha força da ambição de satisfazer meus superiores, então logo estou esgotado. Você deve entrar em sintonia com sua própria fonte interior, com a fonte da própria criatividade ou, em última instância, com a fonte do Espírito Santo. Então você pode haurir forças daí, sem bem depressa ficar esgotado. O outro caminho passa pela delimitação. Estabeleça para si limites claros, além dos quais você não vai. Aqui estão, de imediato, os limites cronológicos. Não trabalhe acima das medidas normais, em termos de tempo. E, depois, você precisa de limites interiores para se distanciar das expectativas dos outros. Não se pressione a si mesmo. Diga sempre para si mesmo: "Eu faço o trabalho porque eu quero, não apenas porque tenho de realizar as expectativas dos outros". Reconquiste sua liberdade interior. Então você poderá conviver mais soberanamente com a situação. Enquanto estiver apenas voltado para a questão de saber se poderia ficar desempregado, você estará concedendo excessivo poder a seu chefe. E você se deixará pressionar a si mesmo em excesso. Permita-se ser livre interiormente. Trabalhe tão bem quanto lhe for possível. Tente, porém, conviver bem consigo mesmo e permitir-se as pausas que lhe são benfazejas e lhe dão a sensação de que você mesmo está trabalhando e não tem simplesmente de realizar expectativas alheias.

Tente conviver bem consigo mesmo e permitir-se as *pausas* que lhe são benfazejas.

MINHA chefe sofre de mania de controle. Não confia simplesmente em ninguém, quer examinar tudo e ver qualquer detalhe. Pouco me adianta saber que essa má qualidade pode estar fundada em sua infância infeliz. Em minha posição, nem eu posso fazer papel de terapeuta nem quero ser o tipo submisso que compreende a chefe, que dispensa tudo. Também não posso me defender direito, pois que ela está na posição mais forte. Entretanto, tudo isso chega a ser frustrante e desmotivador.

Como é que eu posso sair desse clima desagradável?

Você não precisa fazer papel de psicoterapeuta de sua chefe. E também não precisa compreender tudo. O compreender é apenas uma ajuda no sentido de você não se deixar envolver pessoalmente com o comportamento dela. Compreendendo que ela sofre de mania de controle, você deixa que a doença fique com ela. Entretanto, não permite que a doença tenha qualquer poder sobre você mesmo. Você se distancia disto. Observe o modo como sua chefe dá vazão a suas manias. No entanto, permaneça espectador. Você não precisa entrar no jogo. Você precisa estar interiormente livre em relação às manias dela. Deixando-se impressionar pelas manias dela, você passa então a se subordinar a essas manias. Deixe as manias circunscritas a ela mesma. Você não tem de ficar prestando contas o tempo todo e em toda parte. Encare isso tudo com mais bom humor. Se apenas quiser compreender sua chefe, então você se subordina a ela e lhe concede um poder excessivo. Então, neste caso, a compreensão seria, em última instância, uma desculpa para a chefe. E, ao mesmo tempo, você estaria se sobrecarregando com isso. Você iria assumir a responsabilidade pela chefe. Ora, compreender tem a ver com estar de pé e ser tolerante. Tente compreender a chefe, mas mantenha sua própria posição. Distancie-se dela. Deixe que as manias fiquem circunscritas a ela e imagine que, na condição de espectador, você aprende bastante que jogos as pessoas podem jogar e como as manias podem exercer um efeito desastroso sobre a vida de um indivíduo e de um grupo.

Deixando-se impressionar pelas *manias* de outras pessoas, você passa então a se subordinar a essas manias.

A família – nós temos três filhos, os quais ainda frequentam a escola – e o trabalho requerem sempre mais de mim. Isso assume proporções que me deixam à beira da depressão e do esgotamento. Em casa, eu quase não sou mais acessível; facilmente, fico irritado, agressivo e desanimado. Isso faz mal não apenas a mim, mas também à relação com minha companheira. Eu também não posso jogar fora o trabalho – embora esse fosse o meu maior desejo. Acontece que, hoje em dia, se ficar de repente sem trabalho, a gente bem depressa cai fora da "rede".

Nós precisamos do dinheiro que eu ganho.

Se você estiver permanentemente sobrecarregado, não faz sentido buscar um outro trabalho. Mas, no seu lugar, eu só pediria demissão após ter encontrado algo diferente. Enquanto não encontrar algo diferente, convém adotar outra estratégia. Primeiramente, você deve se perguntar qual o melhor modo de se refazer. Será o esporte, a música, a brincadeira com as crianças? Ou será a tranquilidade, na qual você está disponível para si mesmo? Então você precisa ter bons rituais para separar o trabalho da família. Rituais estabelecem um corte entre trabalho e família. Mas, ao mesmo tempo, são necessárias imagens inte-

Quando for ao *trabalho*, tenha respeito pelos seus próprios *sentimentos*.

riores. Se você for para a casa imaginando que agora também as crianças têm suas próprias expectativas em relação a você, então você se sente sobrecarregado. Você precisa ter outras imagens. Imagine que lhe faça bem se envolver com as crianças. Elas o fazem ter outros pensamentos. Elas o ajudam a relativizar e largar o trabalho. E imagine que você esteja indo para sua casa, onde você tem seu próprio espaço e constrói seu próprio mundo. Então você adquire gosto de ir para sua casa. E não irá vivenciar a convivência com as crianças como um estresse. Não pressione a si mesmo, mas, pelo contrário, encare a família como um campo onde você pode fazer o exercício de largar o trabalho e mergulhar em um novo mundo, o qual lhe faz bem. Você precisa ter tais imagens também em relação ao seu trabalho. Vá para o trabalho não com a imagem de quem está sendo oprimido, mas com a imagem do ser humano altivo e livre, que gosta de se encontrar com outros e empreender algo junto com eles. Quando for ao trabalho, tenha respeito pelos seus próprios sentimentos. Não se deixe dominar pela situação, mas, pelo contrário, contraponha à situação seus próprios sentimentos e imagens.

NA profissão, eu tenho sob mim várias colaboradoras, pelas quais me engajo plenamente. Ajudar sempre foi um dos meus objetivos. Em minha família, disponibilidade para ajudar, amor ao próximo e cuidado pelos familiares até a morte sempre fizeram parte das obrigações. Tratava-se sempre de ver quem é o membro mais frágil e quem está precisando de ajuda. As próprias carências eram relegadas a segundo plano. Assim é até hoje. Entretanto, há algum tempo eu venho passando por sérios problemas de saúde, os quais me obrigam então a olhar mais para mim mesma. Que devo eu fazer?

Dá-me remorso não corresponder às minhas próprias exigências.

Você pode ser grata pelos valores que vivenciou e aprendeu em sua família. Entretanto, todos os bons aspectos que nós vivenciamos sempre têm também um lado sombrio. E o lado sombrio consiste em vivermos à margem de nós mesmos e de nossas carências. Isso, porém, nos deixa amargos e endurecidos, ou então sobrecarregados... No seu caso, seu corpo está lhe mostrando que você não pode vivenciar unilateralmente a ajuda aos outros. Pois, assim, você estaria se sobrecarregando. Você não precisa então dar um giro de 180 graus. Isso não teria a ver com você. Entretanto, o cuidado que você dispensa aos outros deve dispensar agora também a si mesma.

Permita-se satisfazer *carências* próprias.

Sinta qual é o seu limite. Conforme escreveu, você sente remorso quando não corresponde às suas próprias exigências. Você só precisa se despedir da ilusão de que pode viver sempre apenas para os outros. E você precisa despedir-se da ilusão de que pode caminhar pela vida isenta de culpa. Você não tem nenhuma garantia de que aquilo que você faz está correto, de que não está se restringindo antes da hora e quiçá pudesse ajudar ainda mais. Seu corpo a obriga a fazer as pazes com sua própria limitação. Decida, escutando seu corpo e sua alma, quanto você quer fazer pelos outros e o que você precisa para si mesma em termos de tempo e de dedicação. Permita-se satisfazer carências próprias. Pode confiar que seu caráter a guardará de olhar apenas para suas próprias carências. Mas, ao satisfazer uma carência, saboreie isto, sem sentir remorso. Se, entretanto, sentir remorso, então ofereça isso a Deus e seja grata a Ele por lhe conceder a vida. Ele lhe fala também através de seus próprios sentimentos e carências. Ele lhe mostra o que lhe é necessário para viver, para que você possa também estar disponível para os outros.

HÁ algum tempo, eu venho sendo excluída pelos outros. Não apenas as minhas colegas não falam mais comigo. Meu chefe passou a comportar-se em relação a mim apenas de modo depreciativo. Certos postos de trabalho precisam ser riscados, e as pessoas tentam estragar de tal modo minha vida, que eu por mim mesma vá embora. Minha autoconfiança está totalmente no chão.

Como é que eu posso chegar a uma nova força e a uma convivência minimamente razoável?

Enquanto vítima de exclusão, somos frequentemente o bode expiatório sobre o qual se jogam todos os problemas que na empresa são empurrados com a vassoura para debaixo do tapete. O melhor caminho seria, portanto, solicitar uma orientação de grupo, a fim de investigar as causas do conflito. Mas, se o seu chefe apenas se comporta de modo depreciativo em relação a você, então é improvável que a equipe esteja disposta a se ocupar com os verdadeiros problemas. Então resta apenas o caminho que é tornar-se interiormente independente dos colegas e do chefe. Aí você precisa respeitar seu próprio limite. Sentindo-se excessivamente frágil para subsistir nessa atmosfera hostil, você pode então buscar ajuda de fora (uma orientação individual ou uma terapia) ou extrair as consequências e buscar algo diferente para si mesma. A busca de um outro emprego não pode, entretanto, tornar-se uma fuga. Pelo contrário, você deve encarar a exclusão a que está exposta como um ensejo para enxergar melhor suas próprias carências. Será que eu gostaria realmente de trabalhar aqui por mais tempo? Ou será que já antes de eu ser excluída havia em mim uma voz interior me dizendo que isso aqui não é o meu lugar? Se este for o caso, então a exclusão pode até mesmo ter um sentido. Ela quer encorajá-la a seguir seu próprio caminho.

Eventualmente, até mesmo a *exclusão* pode ter um *sentido* para você.

A rigor, eu sou muito bem-sucedido profissionalmente. Entretanto, eu não posso sequer me alegrar com meus próprios êxitos, pois que já o próximo desafio me persegue e requer minhas forças e minha concentração.

Como é que eu posso novamente sentir alegria de viver, gosto pela própria vida, além da profissão?

Você pode ser grato pelos seus êxitos na profissão. Entretanto, você não pode constituir sua própria identidade totalmente a partir da profissão. Quem é mesmo você, independentemente da profissão? Qual a sua essência interior? O que é que lhe dá prazer? Onde é que você se sente identificado consigo mesmo e em sintonia com sua essência mais íntima? Esse é um caminho para a relativização do trabalho. O outro caminho consiste em ver de outro modo os desafios na profissão. Você fala que o próximo desafio já o persegue. Esta é uma imagem muito negativa, a qual torna o trabalho algo difícil para você. Você precisa de imagens mais positivas para reagir aos desafios no trabalho. Talvez você deva recorrer a uma imagem esportiva. O desafio não o persegue, senão que suscita novas forças e possibilidades em você. Ou você se sente como um desportista que está treinando. Ele não se compara com os outros para saber se é o melhor. Pelo contrário, ele pressente as próprias forças e os próprios limites. Pense com que imagem interior você quer ir ao trabalho pela manhã. Talvez pudesse ser a imagem do ser humano altivo que vai ao trabalho de cabeça erguida e tem vontade de encarar o que quer que se lhe apresente, sem se deixar pressionar. O desafio não o persegue. Pelo contrário, ele está perante você. Você o encara. Você o toma em suas mãos, e o configura e formata com criatividade e fantasia.

Você precisa de *imagens mais positivas* para reagir aos desafios no trabalho.

NO departamento de vendas da empresa em que eu trabalho, nós temos de nos impor em face da concorrência, que se torna sempre maior, em um mercado que se torna sempre mais difícil. Eu mesmo noto como a luta pela sobrevivência suscita minha agressividade, como se trata de aniquilar o concorrente. Em última instância, trata-se de suplantar o outro para poder cada um sobreviver. É como o frenesi de uma caçada. Mas é assim que funciona nossa economia. Entretanto, ultimamente, eu tenho também a sensação de que simplesmente não me faz bem viver assim.

Sair eu não posso – que alternativas me restam?

Você não pode sair da tarefa que é sua. Você tem de vender os produtos de sua empresa. Você pode, entretanto, sair das imagens que a empresa lhe oferece e que você interiorizou, das imagens agressivas da caçada, do suplantar ou aniquilar. Encare, antes, a imagem da competição esportiva. Você corre junto com outros. E cada um gostaria de correr mais depressa. Você não pode a qualquer custo ser sempre o primeiro. Sinta quais são suas possibilidades e onde se situam seus limites e os limites da empresa. E busque então métodos de treinamento para otimizar o potencial que você tem em si mesmo. Entretanto, despeça-se de todas as imagens demasiadamente agressivas. Não deixe que os outros prescrevam as imagens para você, mas, pelo contrário, olhe em seu próprio coração que boas imagens emergem aí em você. Talvez seja a imagem de que você, com seus produtos, vende esperança – a esperança de uma vida melhor. Se você vender munido de tais imagens, então não se sentirá acuado pelos outros. Você luta, não contra os outros, mas, por aquilo que você representa. Entretanto, pode estar convencido de que seus produtos fazem bem às pessoas, de que lhes proporcionam esperança e enriquecem sua vida.

Você *luta*, não contra os outros, mas, por aquilo que você *representa*.

RECENTEMENTE, fizeram-me chefe de um departamento e, assim, superior de antigos colegas com os quais eu tinha uma relação pessoal muito boa, também para além do escritório. Agora eu sinto como eles se retraem, noto como em muitas coisas eles tentam se "desviar" de mim. Naturalmente, eu conheço também meus limites – talvez até melhor do que eles.

Mas como conviver com desconfiança e inveja?

Em primeiro lugar, você tem de aceitar o fato de que, enquanto chefe, não é mais um colega entre colegas. Ao tornar-se chefe, você obrigou-se a uma certa solidão. Você tem de fazer as pazes com essa solidão. Eu não perguntaria de imediato aos colegas se eles estão apenas com inveja e também adorariam estar no meu lugar. Talvez a resistência dos colegas seja um sinal de que você ainda não assumiu direito seu novo papel. Pense como é que você pretende vivenciar clara e inequivocamente esse papel. Não se desculpe interiormente – no mais das vezes, isso acontece apenas inconscientemente – perante os colegas pelo fato de ter recebido o posto de chefe. Identifique-se com sua condição de chefe. Você não precisa posar de chefe. Precisa, entretanto, assumir claramente o fato de que agora você é chefe e não é mais um dos colegas. Você não precisa reprimir suas fragilidades. Mas, na consciência de seus próprios limites, você agora é chefe. "Chefe" vem de caput, a cabeça. Agora você assume o lugar da cabeça na empresa. Você deve assumir isso. Liderar significa: assumir responsabilidade pelo todo e usar o seu poder para despertar a vida nos colaboradores. Isso nem sempre é apenas agradável. Você assumiu um serviço e uma responsabilidade pelos seus colaboradores. Não precisa desculpar-se por isso. Uma vez que você assuma isso interiormente com toda clareza, os colegas acabarão se comportando de outro modo em relação a você.

Liderar significa: assumir responsabilidade pelo todo e usar o seu poder para _despertar_ a vida nos colaboradores.

EU estou posto perante uma decisão que diz respeito à minha vida privada e é muito importante em termos profissionais. De um jeito ou de outro, eu tenho de chegar a uma solução, com maior brevidade. Estou como que dilacerado interiormente, e simplesmente não vejo com mais clareza. Rezo todos os dias e peço a Deus que me mostre o caminho certo. Entretanto, minha condição de dilaceramento interior não melhora por isso. Pelo contrário, eu me sinto como o famoso coelho perante a cobra, vendo o infortúnio chegar e não podendo pôr-se em segurança, pois que permanece sentado perante a cobra como se estivesse paralisado.

Como é que eu chego a uma boa decisão?

É bom que você reze por uma boa decisão. Porém, Deus não lhe dirá simplesmente a solução de modo claro e distinto. A oração é uma ajuda para sair das reflexões e olhar mais profundamente no próprio coração. Na oração, ofereça a Deus seu dilaceramento. Talvez isso lhe proporcione serenidade e clareza. Entretanto, se a oração não trouxer nenhuma clareza e você continuar sentindo-se dilacerado, então não poderá se decidir. Somente quando sentir em si clareza interior é que poderá tomar uma decisão.

Para encontrar clareza interior, existem ajudas. Uma seria você imaginar: Eu me decidi por essa alternativa. Como estarei em cinco ou dez anos? Que imagens emergem em mim? Que sentimentos afloram em mim? E, então, transponha-se para a outra opção. Como estarei em cinco ou dez anos? Leve em consideração, nas opções, os sentimentos que afloram em você. Nós reconhecemos a vontade de Deus – é o que dizem os monges mais antigos – quando sentimos em nós paz interior, liberdade, vitalidade e amor.

Sem a dor de deplorar a própria *limitação*, eu não posso me decidir.

A outra ajuda para se chegar a uma decisão clara poderia consistir no seguinte exercício: Você vive dois dias com a primeira opção. Ao levantar-se, ao tomar o café da manhã, ao trabalhar, em tudo o que fizer, pense: Eu me decidi por este caminho. E então viva dois dias com a outra opção. Após quatro dias você pode então comparar os sentimentos e disposições interiores que teve nas diversas opções. Também aqui vale o seguinte: você pode reconhecer a vontade de Deus ali onde havia mais paz, liberdade, vitalidade e amor. Se em ambos os exercícios não encontrar nenhuma clareza, você terá de confessar para si mesmo que o tempo para uma decisão não está ainda maduro. Naturalmente, não há nenhuma clareza absoluta. Você deve desistir de pensar que tem de tomar a decisão absolutamente correta. E tome consciência de que toda decisão por algo é sempre também uma decisão contra a outra opção. Você tem de deplorar o que excluir. Sem a dor de deplorar a própria limitação, eu não posso me decidir. E é necessário confiar que Deus também o acompanha no caminho pelo qual você tiver se decidido e abençoa esse caminho.

VOCÊ diz que a gente deveria gerenciar com base em valores. Mas o que acontece quando vendas e receita, maximização do lucro e resultado são os valores mais altos?

Quais são os valores não materiais envolvidos no gerenciamento de uma empresa?

Naturalmente, uma empresa tem de dar lucro. Do contrário, ela não pode subsistir a longo prazo. Mas, quando a maximização do lucro é vista como o valor supremo e quando, sobretudo, o lucro tem de elevar-se a cada ano, então o valor do ser humano não é mais levado em consideração. O ser humano torna-se vítima do valor financeiro. Isso talvez possa a curto prazo ser bom para o resultado de uma empresa. Mas, a longo prazo, uma empresa apenas é valiosa quando considera os verdadeiros valores, como justiça, honestidade, lealdade, solidariedade, fortaleza, moderação, perseverança, prudência. Quem aprecia esses valores cria também valores financeiros. A longo prazo, sua empresa será bem-sucedida também em termos econômicos. Entretanto, quem está fixado apenas no êxito e sacrifica os valores humanos ao êxito está cortando na própria carne. Pois, em uma empresa na qual os seres humanos não mais são levados em consideração, a longo prazo, ninguém mais gostará de trabalhar. Hoje é necessário que haja uma boa cultura empresarial para se poder recrutar bons colaboradores. Em uma empresa na qual os valores são desprezados, a pessoa a longo prazo não se sente prestigiada. O desprezo pelos valores traz consigo sempre um autodesprezo e um desprezo pelo ser humano. E isto, por sua vez, torna a convivência algo sem valor. Entretanto, quando a convivência não funciona, a longo prazo também o resultado não funcionará. Pois então uma grande parte do potencial se perde através de intrigas e brincadeiras imaturas. Valores também são para uma empresa, em última instância, fontes de energia das quais ela pode haurir. Quando os valores financeiros são os mais importantes, uma empresa perde suas verdadeiras fontes que conferem fecundidade e bênçãos a seu agir.

A longo prazo, uma empresa apenas é valiosa quando leva em consideração os *verdadeiros* valores.

CAPÍTULO 3

Autodescoberta, autossegurança, autoconfiança

Em quase todos os meios de comunicação, fala-se, hoje, de autodescoberta e autoconfiança. Porém, quanto mais nós falamos a esse respeito, tanto mais dificuldade as pessoas têm de descobrir sua verdadeira identidade. Todo psicólogo nos diz que devemos nos aceitar a nós mesmos. Porém, a pergunta que se lança é como alguém consegue aceitar-se a si mesmo. Nós sentimos nossas deficiências justamente em relação aos ideais muitas vezes excessivamente elevados que são postos perante nossos olhos na mídia. Por um lado, é bom que nós não nos acomodemos, mas, pelo contrário, nos ponhamos a caminho, trabalhemos sobre nós mesmos e nos tornemos sempre mais autênticos. Por outro lado, nós precisamos nos despedir dos ideais excessivamente elevados. Estes deixam em nós apenas frustração e estresse. Nós trabalhamos sempre mais em nós mesmos e, no entanto, não damos nenhum passo adiante. Aqui é importante fazer as pazes com a própria mediania. Isso não significa cruzar os braços. Significa, no entanto, libertar-se da ilusão de que eu teria também de acelerar sempre mais o crescimento pessoal. Também no âmbito pessoal da autodescoberta, nós assumimos hoje conceitos da economia. Isso não nos faz bem.

Trata-se, assim, de, a partir da espiritualidade e da psicologia, encontrarmos um caminho viável que nos possibilite entrar em sintonia com nosso próprio ser, com nosso corpo, com nossa alma, com nossos pontos fortes e nossos pontos fracos, com nosso envelhecimento e com o fato de não estarmos à altura de todas as promessas que hoje alguns movimentos terapêuticos e esotéricos põem perante os nossos olhos. No convívio com nossa própria pessoa, são necessárias as velhas atitudes de humildade e de comedimento. Só então nós encontraremos um caminho que nos permita fazer as pazes com nosso próprio ser, dizer sim a nós mesmos assim como somos e, ao mesmo tempo, não perder a esperança de que iremos continuar crescendo interiormente e nos ajustar sempre à forma que Deus idealizou para nós.

Quando se põe em questão a autodescoberta pessoal, menciona-se frequentemente o tema da espiritualidade. Hoje as pessoas gostam de usar este conceito, porém, usam-no de um modo não rigoroso. Ele significa para cada pessoa algo diferente. Na verdade, espiritualidade significa: viver a partir do Espírito. E para nós, cristãos, é o Espírito Santo que nos penetra, e é desta fonte que nós gostaríamos de viver. Hoje muitas pessoas entendem por espiritualidade ocupar-se com coisas espirituais, envolver-se com meditação ou frequentar cursos de espiritualidade. Estes são sempre modos concretos como a espiritualidade pode se expressar. Muitos, ao buscarem um caminho espiritual, não se sentem compreendidos pelos que estão ao seu redor. Com sua busca espiritual eles incomodam as pessoas a seu redor. Pois em cada um de nós se encontra essa ânsia mais profunda – em última instância, por uma vida a partir de Deus e com Deus. Porém, muitas vezes nós reprimimos essa ânsia. Quando alguém próximo a nós se põe no caminho da espiritualidade, então ele nos lembra essa ânsia reprimida. Nós não queremos assumir nossa ânsia. Então corremos o perigo de desvalorizar a busca espiritual do outro. São, sobretudo, as pessoas que se interessam apenas por dinheiro e sucesso que ridicularizam a espiritualidade das outras pessoas, para fugirem do próprio remorso. Pois há nelas uma voz lhes dizendo que a vida não é só dinheiro e sucesso.

Uma pessoa que está buscando viver espiritualmente precisa ter uma grande confiança interior para não se deixar arrastar por essas atitudes depreciativas. Inversamente, há também, sem dúvida, exageros no caminho da espiritualidade. Às vezes, os questionamentos de fora são plenamente justificados. Eles nos advertem para nos perguntarmos se, com nossa caminhada espiritual, nós não estamos fugindo dos desafios do dia a dia. Para os antigos monges, o controle da realidade era sempre um critério importante. Se eu me confrontar com a realidade e deixar que o Espírito de Deus penetre nela, então isto é um bom caminho espiritual. Entretanto, se através de minha prática espiritual eu fugir à responsabilidade na família ou na empresa, então essa não é a espiritualidade que Jesus nos anunciou.

Um tema importante no contexto da autodescoberta é fazer as pazes com o envelhecimento. Aí está de repente a crise da meia idade, que muitos sentem. A crise da meia idade, que C.G. Jung situa entre 35 e 45 anos – hoje, provavelmente, situa-se mais entre 40 e 50 anos – é para muitos uma ruptura. Pessoas nesta faixa etária não conseguem mais estar bem consigo mesmas. Perguntam-se pelo sentido da vida. Ao mesmo tempo, ocorre frequentemente que nessa fase estas pessoas se abram para temas espirituais. Sentem que somente o dinheiro não traz felicidade, que não lhes basta ser bem-sucedidas. C.G. Jung chega mesmo a dizer que o sucesso seria o maior inimigo da transformação. Quem se apoia apenas sobre o sucesso exterior perde a relação com sua verdadeira identidade. Atrofia interiormente e não caminha mais no sentido de tornar-se ele mesmo. A meia idade nos convida a nos voltarmos para dentro de nós mesmos e ali buscarmos um fundamento para nossa vida. Em última instância, nós buscamos a Deus como o fundamento sólido sobre o qual possamos construir a casa de nossa vida.

Já na meia idade nós somos confrontados com o envelhecimento. O mais tardar após a aposentadoria, esse tema é posto novamente. Aí emergem então os temores sobre o modo como podemos conviver com o próprio envelhecimento, com a fragilidade que é típica da velhice ou até mesmo com o mal de Alzheimer e com a demência, caso isso nos afete. Nós não devemos nos deixar possuir por esse medo. Entretanto, caso se manifeste, ele quer nos lembrar quem nós verdadeiramente somos e o que constitui nossa identidade mais profunda. Qual é o mistério do ser humano, que na velhice se torna mais frágil e morrerá? Que vestígios de vida nós queremos deixar gravados neste mundo quando não estivermos mais no centro? O que nos dará suporte quando nossa saúde se fragilizar? A confrontação com o envelhecimento é sempre também um desafio espiritual. Em última instância, nós só podemos fazer as pazes com o envelhecimento e a fragilização se descobrirmos em nós um fundamento mais profundo, se encontrarmos Deus em nós. Se Deus habita em nós, se Deus reina em nós – o conceito de Reino de Deus quer dizer isto –, então nós estamos livres dos parâmetros do mundo, então, mesmo quando para fora não realizamos mais nada, nós temos tudo de que precisamos. Justamente na velhice nós podemos nos tornar sempre mais permeáveis a Deus. Então nosso envelhecimento adquire um novo sentido: sermos testemunhas do Deus que vivifica os mortos, do Deus da esperança e do amor.

Um outro tema que emerge sempre em conexão com o envelhecimento é a convivência com os pais idosos. Aqui há a preocupação com os pais e a disposição para cuidar deles quando precisarem de ajuda. Mas há também o medo de ficar sobrecarregado com o cuidado. Quer nós mesmos cuidemos dos pais idosos, quer nos preocupemos com eles quando estiverem no asilo, trata-se sempre de fazermos as pazes com eles, de construirmos uma nova relação com eles, para bem nos despedirmos deles. A convivência com os pais idosos confronta-nos com nosso próprio envelhecimento. E nos põe a tarefa de refletir sobre nossas próprias raízes, de ser gratos pelas boas raízes que recebemos dos nossos pais e de transformar as feridas que também sofremos em algo precioso. Justamente o último trecho do caminho que nós perfizemos com os pais idosos pode ser um caminho de reconciliação, de gratidão e de amor. E nós deveríamos aproveitar a oportunidade para descobrirmos o segredo dos pais. De que eles viveram? O que os sustentou? Por que agiram assim? Como superaram as mágoas de sua infância? Se nós deixarmos que os pais falem, isso lhes fará bem. E nós ficamos sabendo mais a respeito de seu segredo e, por este meio, em última instância, também a respeito de nós e nossas raízes, das quais nós vivemos.

EM meio a toda agitação a que me exponho para de algum modo dar conta das minhas coisas do dia a dia, eu noto sempre em mim um sentimento de "tanto faz" em relação a tudo – a rigor, não tenho mais vontade de nada. Não chego mais a uma clareza na relação comigo mesmo, e também minha relação com Deus não existe mais.

O que é que eu posso fazer por mim e pela minha vida espiritual?

Pergunte-se por que anseia sua *alma*. Dê-se *tempo* para escutar a si mesmo.

Em primeiro lugar, você não deveria condenar-se a si mesmo. Antes, você pode tomar a sério o sentimento de "tanto faz". Isso tem um sentido. Com isso você quer se defender de uma sobrecarga excessiva. E então se pergunte o que é aquilo por que sua alma anseia. Onde é que sua alma começa a despertar? Será na música, na tranquilidade, ou em um bom livro, ou em um passeio? Permita-se fazer aquilo por que sua alma anseia. Talvez você tenha a impressão de nem mesmo saber por que anseia. Dê-se tempo, então, para escutar a si mesmo. O que será que o "tanto faz" quer me dizer? Contra que eu estou me defendendo? O que será que eu não estou querendo assumir? Será que eu não quero aceitar o fato de que no momento a minha vida não está em ordem, de que eu deveria entrar novamente em sintonia com minha verdadeira identidade? Reflita, então, sobre o que poderia fazer bem à sua vida espiritual. Serão rituais, será a meditação, ou será novamente a participação no culto? Ou será um curso de espiritualidade? Mas, antes de perguntar por passos concretos que gostaria de dar, você deveria refletir sobre o que significa espiritualidade para você. Quando fala de espiritualidade, que ânsia se manifesta em você? É a relação pessoal com Deus, ou com Jesus Cristo? A relação nós não podemos estabelecer assim, sem mais. Entretanto, você pode, em silêncio, oferecer a Deus ou a Jesus seu próprio ser e a verdade sobre você. Imagine que, com tudo o que você é, também com o seu vazio e o seu "tanto faz", você está envolvido pelo amor de Deus; imagine que você é aceito em sua plenitude. Então pode surgir em você uma profunda paz. E você pode pressentir o que significa ser amado por Deus. Aqui se pode sentir então algo de uma relação pessoal. Entretanto, você não pode forçar-se a ter certos sentimentos. Algumas pessoas creem que teriam de ter em relação a Deus os mesmos sentimentos que tinham na juventude. Nós não podemos fazer surgir os sentimentos. Entretanto, se nós oferecermos a Deus nosso ser e nossa realidade, então podem surgir sentimentos de liberdade e gratidão; então nós chegamos a pressentir quem seja Deus e que ele é o amor, que muitas vezes é incompreensível, porém, ao mesmo tempo, é ilimitado.

TODOS falam de valores, da necessidade de transmiti-los aos filhos e vivê-los a título de exemplo. Todos partem do pressuposto de que uma sociedade que não se ancora em valores se desestrutura.

Como é que eu posso viver valores, se não me foram transmitidos quaisquer valores?

Em cada um de nós há também uma ânsia por ser valioso, por ter uma dignidade indestrutível. Uma vez entrando em sintonia com essa ânsia, eu pressinto então o que sejam valores. Valores – diz a língua latina – são "virtutes", fontes de forças das quais nós podemos haurir. São virtudes, habilidades que servem para que nossa vida dê certo.

E são atitudes que dão apoio à nossa vida. Decisivo nos valores é, no entanto, o fato de eles corresponderem à dignidade do ser humano. A filosofia grega descreveu quatro valores fundamentais: justiça, fortaleza, moderação e prudência. Hoje nós complementaríamos essas virtudes fundamentais: honestidade, solidariedade, coragem de expressar o próprio pensamento, perseverança e responsabilidade pelo futuro. Se não lhe foram transmitidos quaisquer valores, então não lhe é fácil crer no

Confie, **portanto, nos** *valores* **que estão gravados em sua alma.**

próprio valor. Entretanto, confie no pressentimento interior que você tem de sua dignidade. Em sua alma estão gravados os valores, independentemente da educação. A alma tem esses valores em si, uma vez que ela se estende até o inconsciente coletivo. Ali, no inconsciente coletivo, nós participamos das experiências de gerações anteriores. E ali nós participamos também nos valores que, antes de nós, as pessoas vivenciaram como valiosos. Escute, portanto, a si mesmo. Tente, através da ausência de valores ao seu redor, chegar até o fundo de sua alma e ali descobrir os valores. Certamente, isso nem sempre é fácil. Pois a ausência de valores que nós herdamos através da educação e do nosso ambiente irá sempre pôr em questão nossa capacidade de percepção dos valores. Confie, portanto, nos valores que estão gravados em sua alma. E reflita também sobre que princípios você pode dar a si mesmo para poder viver também os valores nos quais seu coração acredita.

HÁ alguns anos, o tema da espiritualidade vem se tornando sempre mais importante para mim. Frequentei cursos, leio muito e também vou regularmente a um grupo a fim de "parar para meditar". E creio que minha vida adquiriu por esse meio uma nova profundidade e que eu me aproximei mais de mim mesma. Meu marido não fez essa caminhada comigo. Eu quase não posso falar com ele sobre esse assunto. Quando eu vou para a meditação, ele tenta também ridicularizar isso. Ele pensa que eu tenho uma fixação em religião. Ele não se deixa tocar por nada. Para ele conta apenas uma coisa: dinheiro e sucesso em sua profissão.

Como é que eu devo conviver com essa rejeição a tudo que é espiritual?

Enquanto para seu marido apenas dinheiro e sucesso forem importantes, você não tem nenhuma chance de convencê-lo de sua caminhada espiritual. O fato de ele precisar ridicularizar sua caminhada espiritual mostra, no entanto, que isso o deixa inseguro. Provavelmente, sua meditação lhe lembra que ele perdeu o contato com a própria alma. Entretanto, ele não gostaria de admitir isto. Daí ele precisar rebaixar você. Não se deixe afetar pessoalmente por isso. Aguarde, espere e confie que também

Não fique insegura, mas, pelo contrário, siga com *confiança* seu *próprio caminho.*

sob a superfície de máscara – como diz C.G. Jung, o dinheiro é capaz de reforçar a máscara – ainda existe algo mais. Tão logo apareçam os primeiros fracassos ou o corpo comece a se manifestar, a espessa máscara começará a se romper. Então você pode falar racionalmente com seu marido. Até lá você precisa ter paciência. Não fique insegura, mas, pelo contrário, siga com confiança seu próprio caminho espiritual. E quando seu marido a ridicularizar, não refira isso a si mesma, mas escute o que através de suas palavras ele está dizendo sobre si mesmo. Com isso ele talvez esteja expressando seu medo de estar vivendo à margem do que é essencial e de nada lhe restar senão o vazio. Porém, ao mesmo tempo, você nunca deveria perder a esperança de que também nele haja uma ânsia por algo mais. Capte essa ânsia em suas palavras. Então você irá conviver diferentemente com isto.

UMA amiga, que há alguns anos completou cinquenta anos e cujos pais idosos faleceram pouco tempo um depois do outro, costuma me dizer que a velhice é algo terrível. Seria como olhar para um abismo. Decadência e separação seriam o determinante. Após os cinquenta, tudo iria de alto a baixo, tanto em termos psíquicos quanto em termos corporais. Naturalmente, também eu passei a ter medo da velhice cada vez que, por ocasião de visitas a um asilo, vejo as pessoas desnorteadas. Como é que eu posso me pôr perante minha amiga e tirar dela também esse medo?

Será que já agora eu posso me preparar para minha velhice?

Naturalmente, a última fase da vida pode ser penosa. Porém, eu conheço também pessoas idosas que dizem que jamais estiveram assim tão intensamente em paz consigo mesmas quanto agora aos oitenta anos de idade. Eu não iria assim sem mais aceitar as afirmações da amiga ou me opor a elas. Antes, eu perguntaria pessoalmente a ela de que é mesmo que ela tem medo e como é que ela gostaria de viver sua velhice. A velhice nos lança determinadas tarefas: reconciliarmo-nos com nossa vida, apesar de tudo o que não foi vivido e de tudo o que não

O medo da velhice nos convida a refletir sobre o *sentido* da nossa vida.

é perfeito, despedirmo-nos da força e do sucesso e nos prepararmos para as limitações da nossa vida. A reflexão sobre a morte quer nos convidar a vivermos conscientemente o momento, cheios de gratidão pelo que até agora nos foi concedido e confiando plenamente que também na velhice nós temos uma tarefa importante a realizar em favor deste mundo: irradiar para este mundo benevolência, sabedoria e serenidade. Você apenas pode livrar sua amiga do medo se você mesma se confrontar com seu próprio medo da velhice e se tiver encontrado para si mesma uma resposta a esse medo. O medo da velhice nos convida a refletir sobre o sentido da nossa vida. O sentido da vida não consiste em estar sempre cheio de energia e saudável, mas em se tornar permeável ao Espírito de Deus e ao amor de Deus. Nisto consiste a tarefa do envelhecer: tornar-se cada vez mais permeável ao amor de Deus, à benevolência e à liberdade.

ESTOU na faixa dos quarenta. Para quem está vendo de fora, sou bem-sucedido na profissão, tenho uma família "normal" e sou bem relacionado. Apesar disso, de repente acho tudo problemático, vazio e sem sentido. Será que tudo tinha de ser assim mesmo?

Eu me sinto como se estivesse dentro e, no entanto, totalmente à margem.

O que você está descrevendo é a típica *midlife crisis*, a crise da meia idade, que C.G. Jung foi o primeiro psicólogo a descrever. Aqui nós nos perguntamos se tudo tinha de ser assim mesmo. É bom que tudo lhe pareça problemático, vazio e sem sentido. Isso o obriga a refletir novamente sobre o sentido de sua vida. Que vestígios você quer deixar gravados neste mundo? O que para você é importante em sua vida? O que é que o sustenta? De tudo o que até agora foi importante para você, o que será que você deveria relativizar e ver de modo diferente? A crise da meia idade é uma tarefa. Segundo o místico alemão Johannes Tauler, o drama em que nós entramos na meia idade pretende nos forçar a sair da superfície para a profundidade, para o fundo de nossa alma, a fim de ali descobrirmos Deus e nossa verdadeira identidade. Ele compara a meia idade com uma casa bem

A *insegurança* na meia idade é salutar. Ela nos obriga a buscar nossa *verdadeira identidade.*

edificada. Nós nos edificamos a nós mesmos. Nós sabemos como é que a vida caminha. Para fora nós podemos encenar bem. Porém, nós perdemos nosso centro, perdemos nossa alma. Assim, o próprio Deus entra em nossa casa. E ele faz como uma mulher que está buscando alguma coisa. Ela põe as cadeiras em cima da mesa e tira os armários de seu lugar a fim de – como nos mostra a parábola da dracma perdida (Lc 15,18-10) – buscar a dracma, a verdadeira identidade. Na crise da meia idade, trata-se de buscarmos nossa própria identidade, a qual está enterrada por baixo de toda a superficialidade com que nós nos ocupamos. A insegurança na meia idade é, portanto, salutar. Ela nos obriga a buscar nossa verdadeira identidade e a refletir sobre o sentido de nossa vida. A partir da meia idade – diz C.G. Jung – apenas permanece vivo aquele que entrar em sintonia com sua ânsia espiritual, aquele que estiver disposto a se voltar para dentro de si mesmo e buscar aquilo que o ultrapassa, buscar, em última instância, Deus, o verdadeiro objetivo de sua vida. Portanto, leve a sério seus sentimentos e enfrente o desafio que a meia idade lhe lança.

MINHA vida é mesmo muito "intensa": profissão, família, hobbies, um grande círculo de pessoas conhecidas. Eu estou o tempo todo "funcionando". E desde cedo até tarde eu estou sempre ocupado. Entretanto, ultimamente eu sou sempre possuído pelo medo, que já beira o pânico, de que tudo seja sem sentido, de que eu não saiba mais quais são meus verdadeiros grandes desejos e meus verdadeiros objetivos. No entanto, eu não me empenho mais em alcançá-los, pois já estou muito fixado em outras coisas diferentes disso. Minha sensação é que estou vivendo à margem de tudo o que realmente faz sentido e que seria "minha" vida.

Mas como é que eu ainda posso mudar minha vida?

Em primeiro lugar, você tem até mesmo motivo para ser grato pelo medo com que sua alma reage à sua situação. Sua alma está lhe mostrando que você deve corrigir sua própria vida. Sem dúvida, você deve parar e se perguntar o que sua alma gostaria de lhe dizer. Suas diversas atividades são talvez uma fuga da verdadeira questão: o que você gostaria de fazer da sua vida, que sentido você gostaria de dar à sua vida? Agora não se trata de modificar bruscamente sua vida, mas de proce-

Antes de qualquer *mudança* exterior vem a *transformação interior*. O que é que está querendo se transformar dentro de você?

der mais serena e lentamente a fim de poder sentir em si mesmo para onde sua vida gostaria de se encaminhar. Confie nos impulsos interiores que emergem então em você. Sua alma está saudável. Isso se mostra no medo com que sua alma lhe lembra que não dá mais para caminhar assim, mas que você deveria viver mais atentamente. Antes de qualquer mudança exterior vem a transformação interior. O que é que quer se transformar dentro de você? De que sonhos de vida vale a pena despedir-se? Com que você deveria fazer as pazes? Talvez seja a própria mediania que você deve deplorar para poder entrar em contato com novas possibilidades em sua alma. E então você pode refletir com toda tranquilidade sobre a energia e as habilidades que Deus lhe concedeu e que você gostaria de viver.

"DIGA sim a si mesmo" – é mais fácil dizer do que fazer isso. Eu tenho muita dificuldade de fazer isso justamente quando sou honesto comigo mesmo e não reprimo minhas fraquezas e meus erros. E somente quando sou honesto é que eu tenho a chance de me desenvolver mais.

Como é então que eu posso aprender a me aceitar melhor a mim mesmo?

Você tem razão. Qualquer psicólogo nos diz que devemos nos aceitar a nós mesmos. No entanto, aquilo que parece assim tão fácil é de fato uma tarefa para a vida toda e no mais das vezes não é nada fácil. Você fala que tem dificuldade de encarar honestamente as próprias fraquezas e os próprios erros. Você só pode aceitar-se a si mesmo despedindo-se previamente das ilusões que construiu a seu próprio respeito, despedindo-se da ilusão de ser perfeito e ter apenas pontos fortes. Você deve deplorar, portanto, o fato de ser mediano, de ser assim como é. Deplorando o fato de ser assim, você descobrirá em si também, no fundo de sua alma, os muitos lados positivos, sua própria força, suas possibilidades de vida. Ao deplorar pertence também a gratidão pelo que Deus lhe concedeu. Você é único assim como é. Você é valioso. Perante Deus, você tem um valor infinito. Você

Fale com suas *dúvidas a respeito de si mesmo* e pergunte pelas *ilusões* que se ocultam nessas dúvidas.

pode se contrapor às dúvidas que tem em relação a si mesmo proferindo sempre de novo a palavra que lhe foi prometida no batismo: "Você é meu filho amado, você é minha filha amada, em você eu ponho a minha complacência". Você é valioso antes de ter realizado qualquer coisa e antes de ter mostrado seus pontos fortes. Mas, apesar desses pensamentos, emergirão sempre em você dúvidas em relação a si mesmo. Fale com elas e pergunte pelas ilusões que se ocultam nessas dúvidas. E então se despeça das ilusões. Tente ser grato pelo que você é. Assim, cresce pouco a pouco em você esse sentimento: Eu gosto de mim assim como sou. Não é apenas uma autoaceitação atormentada, mas alegria e gratidão e amor por essa pessoa única que eu sou.

EU tenho dificuldade de conviver com minha corporalidade, e sofro com isto também em termos psíquicos. Eu sou de fato pequena, e estou mais para "redonda", e não correspondo ao ideal de beleza vigente ao meu redor. Sinto-me "apagada", e constato que outras pessoas que são preferidas a mim são simplesmente de um "tamanho" mais imponente ou se apresentam mais belamente ou me tratam "de cima para baixo".

Como é que eu devo ser grato por algo que torna a minha vida tão difícil?

Cada tempo tem seus próprios ideais de beleza. E as pessoas julgam, inconscientemente, segundo esses ideais. É doloroso quando eu não correspondo a esse ideal de beleza. Entretanto, se você contemplar sobriamente esses ideais, eles são muito relativos. Por que ser pequeno é pior do que ser grande? O que constitui a verdadeira grandeza do ser humano? O que me faz valioso? Não é a forma do corpo, mas minha pessoa, a qual vive naturalmente em meu corpo. Naturalmente, não é assim tão fácil gostar de seu corpo quando ele não é visto por outros de modo assim tão positivo. Hildegard de Bingen diz que nós devemos conviver com nosso corpo de tal modo que a alma

Todo ser humano é *belo* quando é plenamente ele mesmo.

goste de habitar nele. Tente, portanto, sentir-se bem em seu corpo. Mesmo quando estamos diante de gordos e magros, não há parâmetros absolutos. Hoje há muitas mulheres com mania de magreza porque elas têm pânico de engordar. Por isso, adoecem. E uma mulher com mania de magreza não é nenhuma beldade. Faça as pazes com seu corpo assim como ele é. Caso se sinta excessivamente gorda, você pode então refletir sobre o modo como pode chegar a seu peso ideal. Você talvez possa fazer um curso de controle alimentar ou movimentar-se mais. Isso lhe fará bem. Porém, você não deveria de maneira nenhuma se atormentar e se pressionar no sentido de se ajustar a uma forma corporal que não lhe corresponde. Também aqui não existe a forma ideal. Sinta qual a forma que dá certo com você. E diga sim a essa forma, mesmo se as pessoas a seu redor tiverem outros parâmetros. Todo ser humano é belo quando é plenamente ele mesmo. O amor torna a pessoa bela. Portanto, se você entrar em sintonia com o amor que já está em você e se por seu intermédio esse amor irradiar sobre o mundo, então você é bela, independentemente dos ideais de beleza exterior que a moda momentânea declarar.

COMO é que eu, pessoalmente, posso encontrar paz em meu coração, se ao meu redor eu vejo como a ambição e a injustiça determinam tudo? Eu não posso me sobrepor a isso.

Será que eu posso me voltar para a salvação de minha própria alma?

Seria certamente uma forma de egocentrismo voltar-se apenas para a salvação da própria alma. Ser cristão significa sempre também se engajar por um mundo mais justo. Entretanto, nós precisamos ver também a própria limitação. A questão é a seguinte: De que modo eu posso realmente contribuir para que o mundo ao meu redor se torne mais justo? Eu posso, por exemplo, lutar politicamente por um mundo mais justo. Mas também aí logo se manifestarão claramente certos limites. Você irá reconhecer que há estruturas injustas também em um partido que se engaja por mais justiça. Nós podemos sempre apenas reclamar por justiça e tentar nós mesmos criar mais espaço para a justiça ao nosso redor. Para mim, pessoalmente, é um desafio ser justo com as pessoas que estão ao meu redor, em minha família, em minha empresa, em minha comunidade. A ambição que eu vejo ao meu redor está também em meu coração. Neste sentido, ver o mundo cheio de ambição e injustiça ao meu redor

Eu tenho de fazer as pazes com minha própria *limitação*. Senão, em meu esforço pela paz, eu irei semear apenas a discórdia.

é sempre também um desafio a que eu olhe para meu próprio coração e ali me liberte da ambição. Neste ponto, é importante que eu encontre a paz em meu próprio coração. Eu não posso encontrá-la fugindo do mundo, mas libertando-me dos parâmetros desse mundo, mesmo estando plenamente situado nele. Entretanto, essa paz interior não é algo que eu saboreie apenas para mim. Ela é, antes, o pressuposto para que eu me engaje em favor deste mundo. Jesus declara bem-aventurados aqueles que semeiam a paz. Para ele não basta ter sentimentos pacíficos. Eu tenho também a tarefa de me engajar pela paz. Naturalmente, eu tenho de estar sempre consciente de que não sou Deus, mas apenas um ser humano. Eu preciso sentir que tarefa Deus tem para mim, o que é que eu posso e que eu não posso mudar. Eu tenho de fazer as pazes com essa limitação. Senão, em meu esforço pela paz, eu irei, em última instância, semear apenas a discórdia.

RECENTEMENTE, eu completei 40 anos e quase entrei em pânico ao pensar sobre minha vida. Tenho a sensação de que minha vida já foi vivida e se foi. Não há mais nada de novo. Não consegui realizar todos os bons propósitos nos quais sempre acreditei nem todos os planos que fui traçando ao longo da vida. Estou tão enredado em meus hábitos e meus modelos de comportamento, que não consigo ir adiante.

Não realizei nada em minha vida – para que mesmo continuar vivendo?

É doloroso reconhecer que nunca vivi direito e que não realizei os meus propósitos. Em primeiro lugar, eu tenho de deplorar esta vida não vivida. Mas, a seguir, eu posso imaginar: Talvez as minhas tentativas de configurar minha própria vida tenham sido muito marcadas por ilusões. Ou, quem sabe, meus caminhos não tenham sido apropriados para a realização da imagem originária que Deus tinha a meu respeito. Talvez meus propósitos e planos tenham sido demasiadamente conduzidos por quem está fora. Eu queria me equiparar aos outros ou satisfazer minhas próprias ambições. Assim, eu iria me ocupar mais profundamente com minha infância. Onde, na minha infância, eu me senti em sintonia comigo mesmo? Onde é que eu fui capaz

Você não precisa mostrar nada. Decisivo é que você viva *autenticamente* e seja *honesto* consigo mesmo.

de me esquecer de mim mesmo e me ocupar horas a fio com alguma coisa? Uma vez me aproximando dessas experiências, eu descubro então os verdadeiros vestígios de minha vida.

E então eu posso me perguntar: como é que eu posso deixar gravadas neste mundo as minhas marcas bem pessoais? Exteriormente, talvez não venha a mudar muita coisa. Não posso ou não quero mudar de profissão. Entretanto, eu posso imprimir meu cunho pessoal em tudo o que faço. Nunca é tarde para isso. Você não precisa mudar muita coisa em sua vida. Você não precisa mostrar nada. Decisivo é que você viva autenticamente, que você deixe gravados neste mundo os vestígios bem pessoais de sua vida. Um caminho importante nesse sentido é você fazer as pazes com a sensação de estar enredado, de não ser assim tão livre quanto gostaria de ser. Apenas encarando e fazendo as pazes com a verdade sobre si mesmo é que você pode se transformar. Você se despede de suas ilusões e começa a viver, no aqui e agora, talvez de modo mais modesto do que sempre quis. Mas você estará sendo honesto consigo mesmo. E assim a sua vida se tornará uma bênção para você mesmo e para os outros.

TODOS os anos, por ocasião da passagem de ano, eu formulo os melhores propósitos para mim mesmo. Quero revolucionar minha vida, livrar-me de velhos hábitos, tornar-me uma pessoa melhor. No mais das vezes, só consigo isso por alguns dias ou algumas semanas. Então se instala novamente a velha rotina e eu me resigno. O que é que a gente faz quando percebe que está sempre recaindo nos mesmos modelos de comportamento e nos mesmos erros e não consegue ir adiante?

Que fazer quando queremos pôr algo em prática e não conseguimos?

Você não pode, assim sem mais, tornar-se um ser humano melhor. Isso é vago demais. Você precisa estabelecer *objetivos claros* para si mesmo.

É bom que você formule propósitos e queira melhorar sua própria vida. Entretanto, um princípio fundamental para toda vontade de mudança é o seguinte: Eu apenas posso mudar aquilo que assumi. Portanto, você precisa primeiramente ser realista: Quem sou eu, quais são meus pontos fortes e meus pontos fracos? O que é que eu posso mudar e o que é que eu tenho de aceitar? Você não pode, assim sem mais, tornar-se uma pessoa melhor. Isto é vago demais. Você precisa estabelecer objetivos claros para si mesmo. E então é necessário um programa de treinamento. Que passos concretos eu dou, e o que é que eu gostaria de exercitar? Você não pode, assim sem mais, se propor a ser, no futuro, sempre amável e sempre mais misericordioso consigo mesmo e com os outros. Você precisa ter uma pista de treinamento na qual possa exercitar essas atitudes.

Uma tal pista de treinamento poderia ser a seguinte: Eu gostaria de na próxima semana ser mais autêntico e não me deixar determinar pelas pessoas que estão ao meu redor. Como é que você pode alcançar isto? Você nem sempre consegue ter pleno poder sobre si mesmo. Entretanto, você pode assumir o seguinte propósito: Todos os dias pela manhã eu vou começar com um ritual no qual eu me ponho a mim mesmo perante Deus e me avalio perante Deus. E todas as noites eu entrego a Deus o dia, abrindo as minhas mãos em forma de uma concha. Então eu paro de me censurar pelo fato de eu nem sempre ter pleno poder sobre mim mesmo. Mas, pelo menos uma vez todos os dias, pela manhã e à noite, eu tenho pleno poder sobre mim mesmo. E, exercitando isto por um longo tempo, também ao longo do dia eu estarei sempre mais e mais centrado, e não me deixarei assim tão facilmente conduzir pelos humores reinantes ao meu redor. A psicologia do comportamento diz: o fato de eu realizar ou não um propósito não depende da força de vontade, mas da sensatez. Talvez você tenha assumido um propósito excessivamente elevado. Se não conseguir realizá-lo, então seria sensato dar passos menores. Entretanto, você deveria exercitar diariamente esse passo menor. E, se de repente o tiver esquecido, então você não precisa se culpar. Exercite-o, simplesmente, de novo, amanhã. Então algo mudará dentro de você. Para isto, certamente, requer-se paciência. Ninguém pode ir contra a própria natureza. Eu permaneço o mesmo. Entretanto, eu posso formar e melhorar muita coisa em mim.

"EU não mereço isto" – este sentimento fundamental está entranhado profundamente em mim e trava minha alegria de viver. Ele foi incutido em mim por minha mãe, a qual sempre foi humilhada por meu pai.

Como é que eu posso me libertar do sentimento de não valer nada?

É bom que você tenha reconhecido em si esse sentimento fundamental e saiba também a que ele se deve. Você nunca irá se livrar totalmente desse sentimento. Ele irá sempre se manifestar. Não lute contra isso. Senão você se sentirá como um perdedor. Quando ele se manifestar novamente em você, cumprimente-o: "Sim, eu o conheço. Aqui está você de novo. Porém, hoje eu não tenho espaço para você. Hoje eu creio que mereço me permitir isso ou aquilo, fazer isso agora por mim". Você pode assim assumir o sentimento e, no mesmo momento, distanciar-se dele por hoje. Quanto mais vezes você tiver se distanciado desse sentimento, tanto mais ele se enfraquecerá. Ele irá certamente se manifestar. Porém não terá mais nenhum poder sobre você. O outro caminho é dirigir conscientemente a esse sentimento fundamental palavras das Sagradas Escrituras, como, por exemplo, a palavra do Profeta Isaías: "Aos meus olhos você é caro e valioso. Porque o amo, eu lhe dou países inteiros e ponho nações inteiras a serviço de sua vida" (Is 43,4). Quanto mais palavras assim se entranharem em seu coração, tanto mais as marcas antigas se enfraquecerão. A expressão "Eu não mereço isto" indica também que você não se sente valioso. Hoje muitos sofrem de baixa autoestima. Não se trata de demonstrar para os outros autoconfiança e autossegurança, mas de acreditar no próprio valor. Deus me deu uma dignidade especial. Essa dignidade é independente daquilo que eu apresento para fora. É tarefa minha conscientizar-me sempre desta dignidade. Então eu sinto o meu valor e não preciso mais prová-lo. Mas também isto é um longo caminho. Crendo em meu valor, eu preciso novamente superar as dúvidas que me corroem, de modo a não precisar demonstrar nada, comparando-me com os outros. Não se trata do demonstrar, mas do valor que eu tenho em mim, pois que me foi dado por Deus.

Não se trata de demonstrar para os outros autoconfiança e autossegurança, mas de acreditar *no próprio valor.*

EU sinto um grande prazer em ajudar a outras pessoas e estar disponível para elas. No entanto, eu noto também que isso me sobrecarrega e que eu apenas posso ajudar de uma forma limitada. Enquanto cristão, eu não estou obrigado a ser mais disponível do que os outros?

Onde é que eu devo pôr o limite, para não estragar minha própria vida?

Jesus nos diz que devemos amar o próximo como a nós mesmos. Ele gostaria, portanto, que nós encontrássemos um bom equilíbrio entre o amor ao próximo e o amor próprio. Ao amar o outro, você mesmo é também presenteado. Entretanto, se você se sentir sobrecarregado, então esse sentimento lhe mostra seu próprio limite. Enquanto sentir prazer em ajudar, você deve fazê-lo. Mas, se Deus lhe falar através de seu sentimento de sobrecarga ou de amargura, então você deve ouvir isso. Através desse sentimento, Ele está chamando sua atenção para o seu limite. Ele gostaria então de convidá-lo a conviver bem também consigo mesmo e se permitir alguma coisa. Ele o convida a despedir-se da ideia de que somente você pode ajudar a uma determinada pessoa. Às vezes nós associamos ideias grandiosas ao nosso ato de ajudar, como se nós fôssemos as únicas pessoas que podem ou têm de prestar essa ajuda. É bom então vermos além de nós e de nosso próprio horizonte. Jesus chama sempre nossa atenção para o próximo ao nosso lado. Mas também Ele não ajudou a todos. Ele teve sempre suas restrições e se retirou à solidão da montanha quando havia gente demais ao seu redor. Referido à nossa própria situação, isso significa que Ele nos convida a encontrar um bom equilíbrio entre ajuda e retraimento, proximidade e distância. Nós nunca temos a certeza de que estamos ajudando na medida certa. É aí que nós devemos ouvir nossos sentimentos. Eles nos dizem se ainda estamos ajudando como convém ou se também deveríamos aceitar com toda humildade nossa limitação. Aceitando nossa limitação, doravante nós ajudaremos com um bom sentimento. Se nós passarmos por cima de nossos próprios sentimentos, há o perigo de nos tornarmos de repente tão endurecidos a ponto de nos fecharmos a qualquer ajuda. Com isto nós fazemos mal não só aos outros, mas também a nós mesmos. Pois a dureza nos distancia do nosso próprio coração. Sempre que você se sentir agressivo, isto é, portanto, um sinal de que deve levar a sério sua própria limitação.

O sentimento de *sobrecarga* pode ser um convite a conviver bem também consigo mesmo e se permitir alguma coisa.

"**NÃO** nos faça vergonha!" Foi isso que meus pais – meu pai era um modesto funcionário – me disseram quando eu, ainda criança, ingressei na escola. Isto me fez medroso e desconfiado em relação a tudo, ao longo da vida.

Como é que eu posso me libertar da mensagem tão inibidora que recebi na infância e que me acompanhou ao longo da vida?

Tais frases podem ficar gravadas muito profundamente em nossa alma. A frase irá, portanto, emergir sempre em você. Você quase não tem o poder de impedir isto. Entretanto, você pode reagir a essa frase: "Sim, eu conheço essa frase. Ela provém de meu pai. Porém, Deus disse uma outra frase a meu respeito: 'Você é meu filho amado, minha filha amada. Em você eu ponho a minha complacência'. Eu posso ser assim como sou. É bom ser assim como eu sou". Aquela frase da sua infância cunhou em você o medo que você vem arrastando consigo ao longo da vida. Mas será que ela foi apenas e totalmente negativa? Afinal, ela também o motivou a trabalhar em si mesmo, a ter algum desempenho na escola. Neste sentido, ela tem em si também algo de bom. Entretanto, é importante relativizar essa frase e dizer para si mesmo: Agora eu não preciso mais dela. Então você não deve se comparar com os outros ou se perguntar o que os outros pensam a seu respeito. Antes, você deve sentir-se a si mesmo. Uma vez que você esteja em sintonia consigo mesmo, com seus sentimentos, com seu corpo, uma vez que você tenha pleno poder sobre si mesmo, então se dilui também o medo em relação às pessoas. O medo emerge sempre que eu, em meus pensamentos, dependo demais dos outros e me pergunto se eles também me apreciam. Porém, o meu valor não depende do que os outros pensam de mim. Meu valor está em mim; foi-me dado por Deus. Se eu sentir esse valor em mim, se eu for grato por esse presente, então desaparece também o medo. E se, apesar de tudo, o medo emergir novamente, então o encare como um motivo para lembrar-se de que você pode ser assim como é e que não precisa ser confirmado por todos e ser querido por todos.

Você não deve se *comparar* com os outros ou se perguntar o que os outros pensam a seu respeito. Antes, você deve *sentir-se a si mesmo*.

UM amigo me diz que em nossa vida só pode tornar-se real aquilo que nós desejamos e em que nós cremos firmemente. Será verdade?

Como é que eu posso desenvolver um desejo tão forte, que transforme positivamente a minha vida?

Eu sou cético sempre que alguém me promete: Basta você desejar firmemente, ou você só precisa crer em uma coisa, para que ela dê certo. Uma vez veio ter comigo um homem que quase foi à falência por ter ouvido em um curso e depois ter também seguido esse princípio: Basta que eu imprima minha vontade de êxito muito profundamente em meu subconsciente, para que eu consiga tudo. Isso é absurdo. Nós cremos poder tudo o que queremos. Naturalmente, convém desejar de todo coração que minha vida dê certo ou que Deus me mande uma pessoa querida. Porém, mesmo com desejos, nós não podemos forçar nada.

A palavra alemã "desejar" (*wünschen*) vem da mesma raiz da qual vem a palavra "ganhar" (*gewinnen*). Porém, ganhar não significa que algo caia no meu colo. Significa, antes, originariamente: conquistar, alcançar algo através de esforço, de trabalho ou de luta. Se eu realmente desejar algo, então tenho também de lutar por isso. Eu não posso pensar que tudo vai cair em meu colo, tão logo eu o deseje, simplesmente. Isso seria, afinal, a cocanha da qual falam as fábulas. Porém, nossa vida não é nenhuma cocanha.

Se eu realmente desejar algo, então tenho também de *lutar* por isso. Nossa vida não é nenhuma cocanha.

Jesus põe, no lugar da força do desejo, a fé: "Tudo pode aquele que crê" (Mc 9,3). Se nós crermos que algo será bom, que Deus nos concederá o êxito, então isso certamente tem um efeito. E não raro nos é dado experimentar que aquilo em que nós cremos também aconteça. Porém, a fé não é nenhuma força mágica que automaticamente realiza o que crê. Antes, na fé eu me entrego a Deus. Nesta fé eu confio que Ele não realiza necessariamente meus desejos infantis, senão que me dá de presente aquilo que realmente me faz viver.

CAPÍTULO 4

Amor e parceria, problemas de relacionamento

Quando, por ocasião de cursos, eu ofereço seções de conversação, quase oitenta por cento delas giram em torno de problemas de parceria e amizade. Obviamente, não é assim tão simples conviver ao longo de toda uma vida com o cônjuge e, junto com ele, educar os filhos. Antigamente, não era muito diferente. Sempre houve esses problemas de relacionamento. Mas há motivos também para que hoje cresçam em demasia. São muito grandes as expectativas que se lançam à parceria em uma sociedade que se individualiza cada vez mais intensamente. As pessoas gostariam de ser felizes a qualquer preço. As pessoas gostariam de ter sempre em si a sensação do amor que encanta e leva ao êxtase. E ainda repercute no casamento a ideia, que hoje perpassa todo pensamento, de que tudo teria de estar em nosso poder. As pessoas pensam que também o êxito de uma parceria teria de estar em nosso poder. Bastaria que seguíssemos as regras de jogo de uma boa comunicação, para que então o casamento necessariamente desse certo. Hoje muitas pessoas estão convencidas de que todos os conflitos que surgem em um casamento teriam também de ser resolvidos. Porém, na opinião do terapeuta de casais Arnold Retzer, em um casamento duradouro os problemas não são resolvidos. "Buscar um parceiro para uma relação duradoura significa buscar alguns problemas duradouros". O que está em causa é apenas o modo como nós convivemos com os conflitos. Quem quer obstinadamente resolver todos os problemas acaba criando novos problemas. Segundo o terapeuta, trata-se de "encarar as dificuldades, não com ofensas e desdém, mas com bom humor, descontração, simpatia e respeito".

O terapeuta aponta também para um outro fardo que pesa sobre os casamentos de hoje em dia. É a exigência de justiça e igualdade. No entanto, quem espera uma justiça e uma igualdade absolutas no casamento está condenado ao fracasso. Em vez da exigência de um justo equilíbrio, é o caminho do perdão que possibilita casamentos duradouros. "A gente não faz nenhum sacrifício ao perdoar. Quem perdoa renuncia a exigências que surgem da ilusão de justiça dentro da parceria. O milagre do casamento surge menos de tentativas de equilíbrio do que das possibilidades de perdão."

Hans Jellouschek vê nas concepções neorromânticas o motivo para o fracasso de muitos casamentos. Uma dessas concepções neorromânticas é aquela segundo a qual nós, no casamento, teríamos sempre de estar próximos um do outro. Mas o casamento apenas dá certo quando há um equilíbrio na relação entre proximidade e distância. Uma outra concepção neorromântica é, por exemplo, aquela segundo a qual nós teríamos sempre de ser felizes no casamento. No entanto, o casamento não é nenhuma "celebração de felicidade" mas uma pista de treinamento na qual nós podemos tranquilamente vivenciar sempre a felicidade. Porém, quem espera ser feliz em comum está se sobre-estimando. Também quando se trata da felicidade, muitos pensam que ela estaria em nosso poder. Arnold Retzer fala a partir da experiência do terapeuta quando diz: casais que creem estar a felicidade em nosso poder "deixam-se possuir pela ilusão de um poder incondicional sobre si mesmos, a qual pretende fazer esquecer que a vida – inclusive a vida conjugal – também e sobretudo acontece, e apenas ocasionalmente é modelada".

Acompanhando as pessoas, eu tive sempre a sensação de que o casamento apenas pode dar certo quando nós fazemos as pazes com a mediania de nossa relação. Todas as expectativas muito grandes lançadas a mim mesmo e ao parceiro conduzem ao fracasso. No entanto, esse fazer as pazes com a realidade de nossa relação passa necessariamente pelo deplorar. Eu deploro o fato de nosso casamento ser assim como é, de que o parceiro não corresponda às minhas expectativas, de que eu mesmo não corresponda às minhas próprias exigências. Apenas deplorando a mediania de nossa relação e nossa própria mediania é que nós nos aproximamos do potencial positivo que se encontra também em nós. E então nós podemos saborear com gratidão o que também é nosso casamento: o fato de nós nos mantermos fiéis um ao outro, de nós podermos contar um com o outro, de nós configurarmos em comum uma família, darmos conta de uma casa, estarmos aí um para o outro. Entretanto, se não deplorarmos nossa mediania, ou nós nos lamentaremos sobre o estado do nosso casamento, ou nos acusaremos um ao outro, pondo a culpa um no outro pelo fato de nosso casamento ser assim tão cheio de dificuldades.

EU me casei há alguns anos. Nós não tínhamos excluído – tínhamos apenas "deslocado" para mais tarde – a possibilidade de filhos. Hoje, porém, meu marido se recusa a isso com todos os argumentos possíveis. Ele se desculpa alegando os problemas futuros com esse mundo terrível, a carga psíquica e a pressão que nós dois temos na profissão. Os motivos mudam e se situam, ao que parece, num plano mais profundo. Sempre que nós nos pomos a falar desse assunto, surgem brigas. Entretanto, com o passar do tempo, eu anseio sempre mais por filhos.

O que é que eu devo fazer?

Você tem razão. Ao que parece, os motivos que seu marido alega para não querer ter filhos se situam num plano mais profundo. Pois problemas futuros são geralmente um pretexto. Todo tempo é um bom tempo e um tempo terrível. Houve tempos bem mais difíceis do que hoje. Mas, manifestamente, seu marido não está disposto a falar sobre os motivos mais profundos que se encontram em sua alma, em sua insegurança, em suas dúvidas quanto a ele dar certo como pai. Agora, se você simplesmente cedesse, então provavelmente cresceria em você a agressividade em relação ao homem que a impediu de ter filhos. Peça ao seu marido para falar a esse respeito na presença

Você deve *levar a sério* sua concepção da vida.

de uma terceira pessoa, portanto, com um pastor de almas ou com um terapeuta de casais. Se ele não estiver disposto a isso, então convém realmente pensar se faz sentido uma separação. Pois o desejo de ter filhos é tão profundo em nós quanto o desejo de amor com um parceiro. Você estaria abrindo mão de algo essencial em sua concepção de casamento. Do ponto de vista do Direito Canônico, a exclusão consciente de filhos é tranquilamente um possível motivo para a nulidade do casamento. Mas, naturalmente, seria bom se você não se encaminhasse imediatamente para essa questão, mas esgotasse todas as possibilidades de ajuda através do diálogo. E para você mesma deve ficar claro até que ponto o desejo de filhos é importante em você. Será mais forte do que a ligação com o marido, que exclui a possibilidade de filhos? E como é que você encara a ideia de se separar do marido? Ela lhe dá medo ou produz em você a sensação de liberdade? Você deve levar a sério a si mesma, bem como sua concepção da vida. Mas, infelizmente, eu não posso poupá-la da decisão sobre seu futuro.

EU me apaixonei por um outro homem. Ele é casado, assim como eu. Isso me "tocou" bem de repente, como um relâmpago. Em sua proximidade, eu me sinto bem, me sinto viva e alegre; nós nos entendemos quase que cegamente. Isso é simplesmente belo. E também não é de maneira nenhuma apenas superficial, mas muito, muito profundo. Também já dura mais de um ano, e eu não quero imaginar que isso se acabe. Isso cortaria meu coração.

Naturalmente, eu tenho também sentimentos de culpa em relação ao meu marido – que devo eu fazer?

Você pode ser grata pelo fato de ter se apaixonado. Isso mostra que seu coração ainda é capaz de amar. O amor que você sente em si lhe pertence. É independente do homem que o desencadeou. Sua tarefa é integrar esse amor em sua vida. Você não precisa separar-se desse homem. Você pode saborear o fato de a proximidade dele lhe fazer bem. No entanto, você precisa refletir sobre como poderá a longo prazo integrar esse amor que sente em si na sua relação com seu marido e com sua família. Se toda a sua energia e todo o seu amor fluírem apenas para o outro homem, então você ficará dilacerada interiormente. E

Quando nós nos *apaixonamos* por outra pessoa, então a outra pessoa quer nos chamar a atenção para aquilo que está *também em nós* e que, no entanto, nós *negligenciamos* em nós mesmos.

isso não lhe fará bem. Pois você não pode a longo prazo viajar em duas direções diferentes. Com o tempo isso a dilaceraria. Pergunte-se o que é que esse homem provoca em você. Quando nós nos apaixonamos por outra pessoa, então a outra pessoa quer nos chamar a atenção para aquilo que também está em nós e que, no entanto, nós negligenciamos em nós mesmos. Ao pensar nesse homem e no que ele provoca em você, você deveria, portanto, olhar também para dentro de si mesma e refletir sobre como pode desenvolver e integrar em sua vida o lado que está agora vivenciando. Então, por esse meio, sua relação com seu marido e com sua família será enriquecida. Não se trata de se separar violentamente do outro homem. Entretanto, você precisa tomar bastante consciência de seus limites. E você precisa decidir-se novamente por seu marido e sua família. Do contrário, você estará destruindo duas famílias. E, com certeza, você não poderá viver bem com o sentimento de culpa por ter desintegrado duas famílias.

SOMENTE tarde eu me dei conta, razão pela qual fui tocada e ferida tanto mais profundamente quando descobri que meu marido me traíra por anos a fio com uma outra mulher. E isso em um tempo em que eu tinha de fato a sensação de que nós vivíamos um casamento normal e bom e de que também espiritualmente – nós dois estamos em um grupo de meditação zen e meditamos quase diariamente – nós tínhamos muito em comum. Minha indignação com ele é tão grande, que eu gostaria de matá-lo. Às vezes eu sinto apenas um ódio frio por ele. Não posso mais viver com ele. Tenho de deixá-lo. Naturalmente, eu o chamei para uma conversa. Ele também não consegue justificar por que fez isso comigo. E quando ele jura que tudo passou, e mesmo quando ele me pede que supere minha própria decepção:

Eu noto que meu coração
não é nenhum Buda.

Eu posso bem entender sua indignação e sua decepção. Também a meditação em comum não é nenhuma garantia de que o parceiro não venha a se apaixonar por uma outra mulher. Mas seu marido não apenas se apaixonou. Ele também a traiu com a outra mulher. Isso é uma ofensa profunda. Sua indignação

Sua *indignação* e seu *ódio* são, certamente, reações boas de sua alma. Entretanto, você não deveria deixar-se *devorar* pelo ódio.

e seu ódio são, certamente, reações boas de sua alma. Entretanto, você não deveria deixar-se devorar pelo ódio. O ódio é, antes, o impulso de se libertar interiormente do homem, não lhe conferir mais nenhum poder e transformar a indignação em uma força para viver por si mesma, independentemente do homem. Permitindo esse impulso e se distanciando de seu marido, você deveria, no entanto, refletir com toda serenidade se uma separação é realmente o caminho apropriado. Talvez seja apenas uma reação a uma mágoa profunda. Talvez você se magoe a si mesma com a separação. Você deveria, sem dúvida, permitir-se interiormente a separação. É uma possibilidade. Mas, se seu marido interiormente admitir e reconhecer quão profundamente a ofendeu e se ele lutar novamente por você, então convém refletir novamente se, após uma fase de um maior distanciamento, não seria possível uma nova convivência. Isso certamente traria consigo a chance de conviverem de modo mais realista e mais profundo, após terem dolorosamente se despedido das ilusões em que estiveram até agora. Para isso, seria necessário que você perdoasse a seu marido. Perdão não acontece assim tão rapidamente. Você precisa de tempo. Mas, se você perdoar a seu marido, então será possível um recomeço. Talvez fizesse sentido um ritual de reconciliação na presença de um casal amigo ou de um terapeuta, ritual esse no qual você mais uma vez verbalizaria conscientemente sua mágoa e, ao mesmo tempo, sua disposição para perdoar ao parceiro e não transformar sua mágoa em uma constante incriminação. Entretanto, o ritual só tem sentido se o parceiro de fato admitir interiormente o quanto a ofendeu e se você estiver disposta a perdoar.

EU sofro com meu casamento. Não foi nenhum casamento movido por um amor apaixonado. Entretanto, houve bons tempos em nosso casamento. Tempos nos quais eu me sentia aconchegada e em casa. Ultimamente, o casamento não é mais belo para mim. Muitas vezes eu não me sinto mais sequer compreendida por meu marido. Eu noto sempre mais: Ele não é sensível a mim e às minhas carências. Eu gostaria de falar com ele sobre meus sentimentos. No entanto, ele cria bloqueios. Na parceria com ele, muitas vezes, eu me sinto bastante só.

O que é que eu posso fazer para que o meu casamento se torne mais feliz?

Para começar, é importante deplorar o fato de seu casamento ser assim como é – mediano, corriqueiro, sem grande amor e sem compreensão. E você deveria despedir-se da ilusão de que seu casamento é seu único aconchego. Você precisa acolher-se a si mesma e deveria buscar um acolhimento mais profundo em Deus. Se o casamento momentaneamente não for assim tão ideal, então você deveria cuidar mais de si mesma. E depois você pode tentar entender-se melhor com seu marido. Entretanto, eu tenho a impressão de que você deveria primeiramente despedir-se das representações que tem de seu marido e do modo como ele deveria se comportar em relação a você. Somente quando encontrar paz em si mesma, também sem seu marido, é que você irá também encontrar novamente um caminho com seu marido. Se isso não for possível na conversa a sós com ele, você pode então buscar ajuda em uma terapia de casal. Mas talvez esteja exatamente na hora de você fazer mais por si mesma. Então, em algum momento, é hora de tratar novamente da relação. Quanto mais você forçar seu marido a falar sobre seus sentimentos, tanto mais provável será que ele se bloqueie. Se você seguir seu próprio caminho, então seu marido talvez fique curioso a respeito de você e de seu caminho. Então seria possível uma conversa. Ou então seu marido entra ele mesmo em uma crise que o faz abrir-se a uma conversa. Você não deveria jamais perder a esperança. Esperar significa sempre: "Eu espero em você e por você. Eu não tenho determinadas expectativas em relação a você. Eu espero que você venha a descobrir e a viver seu próprio Eu. Então também nossa convivência se renovará". Você não deveria em primeiro lugar esperar a felicidade de seu casamento, mas encontrar a felicidade em si mesma ao entrar em sintonia consigo mesma e encontrar em Deus seu fundamento mais profundo, o qual a liberta da pressão de ter de se sentir sempre feliz. Nesse caminho interior, você irá vivenciar novamente a felicidade. Entretanto, você não pode deter a felicidade. Ela lhe é dada sempre como um presente.

Você não deveria em primeiro lugar esperar a *felicidade* de seu casamento, mas encontrar a felicidade *em si mesma*.

EU estou casada há mais de 14 anos. Agora mesmo estou vivenciando a infidelidade de meu marido. Não é a primeira vez. A primeira vez foi no início do nosso casamento. Naquele tempo o choque foi ainda maior. Eu amo o meu marido e não gostaria de perdê-lo. Além disso, o voto do casamento é para mim um compromisso. Será possível perdoar sem que subsistam dúvidas e cicatrizes? Que forma poderia tomar um processo de perdão? E, naturalmente, tortura-me também a pergunta:

Será que, em última instância, eu sou a boba se eu perdoar?

Perdoar não significa que você seja simplesmente a boba, que aceita tudo o que seu marido faz apenas para não perdê-lo. Desse modo, você não estaria se tomando a si mesma a sério. No entanto, o perdão é possível. Porém, o perdão requer certos passos.

O primeiro passo é que você admita a dor que seu marido lhe causa. E seu marido deve também estar consciente dessa dor que ele lhe proporciona. Você não deve se fingir de valente apenas para que ele permaneça a seu lado. Exponha-se à dor. Está doendo.

O segundo passo é admitir a indignação. Indigne-se com seu marido, que tanto a magoou. A indignação é a força para se livrar de seu marido e conquistar uma saudável distância em relação a ele. Sua vida não depende só de seu marido. Você tem também em si uma dignidade. Você é valiosa também sem seu marido. Você deveria ao mesmo tempo transformar essa indignação em força para tomar sua vida em suas próprias mãos. A indignação torna-se amor próprio: "Eu posso viver por mim mesma. Eu não dependo totalmente de você".

O terceiro passo seria investigar objetivamente o que está acontecendo. Pergunte-se a si mesma: O que é que se expressa na infidelidade do marido à nossa relação? Não se anuncia aí o sonho de um amor mais abrangente? Então você não irá mais apenas censurar seu marido. Você irá falar com ele sobre o significado dessa relação com uma outra pessoa. Será um sinal de que ele não está realizado? Será que ele tem concepções românticas e imaturas a respeito de amor e de casamento? Ou será um desafio no sentido de refletir novamente sobre o próprio casamento, e sobre aquilo que nesse casamento se tornou rotina, e sobre como ele poderia ser configurado de um modo mais vivo? Certamente, esse olhar objetivo também dói. Entretanto, ele a ajuda a livrar-se de ficar jogando unilateralmente a culpa sobre outrem. Talvez a infidelidade de seu marido seja também para você uma chance de se expor à verdade sobre si mesma e fazer com que sua própria relação se torne mais viva. Às vezes nos falta a liberdade na relação. Às vezes é a paixão do amor que com o tempo foi se enfraquecendo. Se você não conseguir sozinha esclarecer a situação com o seu parceiro, então convém buscar um aconselha-

***Perdoar* não significa alguém fazer com que as coisas se tornem *demasiadamente fáceis* para si mesmo e para outrem.**

mento conjugal. Se seu marido estiver disposto a isso, mostra assim que seu casamento é importante para ele.

Somente após esses três passos é que vem o ato do perdão. O perdão é, antes de mais nada, um ato de libertação. Eu me liberto da energia negativa que está em mim em virtude da mágoa. E eu me liberto da vinculação demasiadamente estreita com aquele que me magoou. Eu faço com que sua culpa fique circunscrita a ele e não fico girando o tempo todo em torno disso. Também aí pode ser útil realizar um ritual de reconciliação – talvez na presença de um terapeuta. Em um tal ritual de reconciliação, poder-se-ia botar um ponto final na mágoa pela infidelidade, sepultar o que já é velho e recomeçar. Perdoar não significa alguém fazer com que as coisas se tornem demasiadamente fáceis para si mesmo e para outrem. A infidelidade tem de ser trabalhada. Então ela pode ser sepultada. Então ela não servirá mais como um motivo para censurar o outro; uma nova convivência torna-se então possível. Nesse ritual de reconciliação, seu marido tem de lhe prometer que não mais irá magoá-la com a infidelidade. Ele não pode prometer que não mais se apaixonará. Entretanto, ele pode lhe dar a certeza de que não mais irá enganá-la às ocultas, mas, pelo contrário, irá transformar uma eventual nova paixão em tema de uma conversa a dois ou de uma terapia conjugal.

HÁ cinco anos eu convivo com meu namorado. Recentemente, ele me propôs casamento. Ainda há poucas semanas eu não teria hesitado em dizer sim. Agora, porém, eu lhe pedi primeiro um tempo para pensar. O motivo: em meu curso de yoga, eu conheci um homem por quem pela primeira vez em muito tempo eu me sinto realmente encantada. Estou totalmente confusa e não sei se isso é apenas paixão ou se há algo mais por trás disso. Não quero pôr em risco minha relação, mas também não quero precipitar um casamento.

Como é que eu devo me posicionar entre os dois homens?

Também no casamento pode sempre acontecer que, estando em uma relação firme, você se apaixone por um outro homem. A questão é como você integra o fato de estar apaixonada em sua vida e a relação em que se encontra. Se você já convive com seu namorado há cinco anos e até pouco tempo atrás não teria hesitado em aceitar a proposta de casamento, há muitos indícios de que deve se decidir por essa relação. Nós sempre nos apaixonamos por pessoas que vivem algo daquilo que se encontra também em nós e que, no entanto, nós vivenciamos muito pouco. Pergunte-se, portanto, o que é que esse homem

Nós jamais encontraremos o *parceiro ideal* que corresponda a todos os nossos sentimentos.

evoca em você. E, então, sonde-se a si mesma. Aquilo que ele evoca em você encontra-se em você. Pertence a você. Você não precisa botar sua relação em risco por causa disso. Você tem trinta e três anos. Decidindo-se pelo outro homem, você precisa novamente de um tempo para esclarecer a relação. E então você se decidiu contra seu atual namorado. Nós jamais encontraremos o parceiro ideal que corresponda a todos os nossos sentimentos. Sempre haverá pessoas que evoquem outras dimensões em você. Você precisa despedir-se da ilusão que nutre em relação a uma outra pessoa e aprender a dizer sim: a si mesma, com sua mediania, e a seu namorado, que também tem seus lados positivos e seus lados mais difíceis. Você precisa deplorar o fato de nem você nem seu namorado serem as pessoas ideais. Fazendo isso, justamente por esse meio, você entra em sintonia com todas as forças positivas que se encontram em você e em seu namorado. Assim, eu desejo para você que o anjo da clareza a acompanhe em sua decisão.

EU vivo sozinha e anseio por um relacionamento verdadeiramente bom, por proximidade, por amor e acolhimento. No entanto, sempre que alguém chega muito perto de mim, logo acontece que eu não consiga suportar isso e destrua a relação. Então, eu noto também que sinto vontade de destruir aquilo por que verdadeiramente anseio. Eu sofro com minha incapacidade de proximidade e chego a sentir ódio de mim mesma por isso.

Como é que eu posso sair desse círculo vicioso?

Não é só você que vivencia a ambivalência entre a ânsia por proximidade e o medo de uma proximidade excessiva. Hoje em dia isso acontece com muita gente. Para começar, você não deve condenar-se a si mesma. Você fala que tem uma vontade de destruir aquilo por que anseia. Nessa autodestruição sempre há também uma autocondenação. É importante que você aceite o fato de ansiar por proximidade e ao mesmo tempo sentir medo de proximidade. Então você pode conversar com seu próprio medo. O que é que o medo lhe diz? De que é que você tem medo? Será o medo de que o outro pudesse abandoná-la ao se aproximar realmente de você e conhecê-la como você realmente é? Então o medo iria fazê-la reconhecer que você se vê a si mesma

Naturalmente, o amor sempre torna também a pessoa vulnerável. Mas ele também *cura feridas*.

de um modo por demais pessimista. Na sua opinião, alguém só poderia amá-la se você fosse perfeita. Mas, assim como você é, ninguém poderia amá-la realmente. Esse medo, encarado de perto, convida-a, portanto, a amar a si mesma assim como você é, a permitir-se ser assim como é. Permitindo-se isso, você não terá tanto medo da proximidade de uma outra pessoa. Muitas vezes está ligado a isso um outro medo: o medo de que eu pudesse ser abandonado. E isso me doeria tanto, que de antemão eu prefiro ficar sozinho. Esse medo é compreensível. Dói ser abandonado. No entanto, uma relação é algo que vai crescendo. No início você não precisa ainda mostrar tudo. Quanto mais cresce a confiança, tanto mais você se aproxima. E, quanto mais intensa se torna a confiança, tanto menos você precisa ter medo de ser abandonada. Naturalmente, o amor sempre torna também a pessoa vulnerável. Mas ele também cura feridas.

O medo quer ainda dizer uma terceira coisa: Eu posso ser grato pela relação e pela amizade. Isso me é dado de presente. Mas não posso permitir que isso determine o meu valor, todo o meu Eu. Pois, mesmo se por algum motivo a amizade não desse certo, com isso o fundamento de minha vida não me seria tirado. Pois eu não construí a casa da minha vida apenas sobre a pessoa amiga, mas sobre Deus. Eu tenho em mim um fundamento que ninguém me pode negar.

EM minha profissão, eu sou muito solicitado e também me engajo muito. No entanto, eu sofro muito de solidão. Frequentemente, eu passo os fins de semanas e feriados sozinho. Como é que eu posso sair dessa situação?

Será que eu devo aprender a conviver com a solidão?

Se você sofre com sua solidão, então isso é um desafio no sentido de relativizar a profissão e reconhecer a necessidade de ter um parceiro ou uma parceira. Você não pode ficar o tempo todo apenas dando. Você também tem carências. E uma carência importante é a experiência de amor, de parceria ou de amizade. Reconhecendo essa carência, você pode então refletir sobre os passos que gostaria de dar para poder encontrar pessoas que estejam à sua altura. Você não pode ser absorvido apenas pelo trabalho; você precisa também configurar sua vida. Um caminho passa pela construção de uma amizade e parceria. O outro caminho passa também pela percepção consciente da solidão. A solidão pode ser também uma chance de fazer aquilo que agora mesmo me faz bem, de saborear o fato de não ter de dar nada, mas simplesmente estar aí. Peter Schellenbaum fala como pode ser maravilhoso estar sozinho, isto é, um "com tudo", em uni-

Solidão é as duas coisas: **a chance de mergulhar mais profundamente no próprio coração e na própria alma, mas também a dor de estar *sozinho*.**

dade com a totalidade[2]. Se eu aceitar o meu estar sozinho, então isso pode também tornar-se para mim uma fonte de bênção. Paul Tillich disse certa vez que a religião seria aquilo que cada um faz de sua solidão. No entanto, a solidão sempre tem as duas coisas: a chance de mergulhar mais profundamente no próprio coração e na própria alma e, por outro lado, a dor de estar sozinho. Por isso, convém também deplorar a solidão, admitir a dor. Então, por meio da dor da tristeza, eu mergulho no fundo de minha alma. Lá eu sinto uma nova profundidade. E, nessa profundidade, eu estou em sintonia comigo e com minha vida.

Sinta qual é o caminho que lhe convém neste exato momento. Em um final de semana você poderá saborear o estar sozinho. No outro você sofre por isso. Encontre a exata medida entre solidão e os amigos, entre o caminho da afirmação da solidão e o caminho da fruição da companhia dos bons amigos. Mas você só é capaz disso se reconhecer sua carência: Eu não me basto a mim mesmo. Eu também preciso de pessoas. E não perca a esperança de encontrar a pessoa com quem você gostaria de partilhar sua vida.

[2]No original alemão: *allein*, isto é: *all-eins, mit allem eins* (N.T.).

ÀS vezes eu brigo com meu parceiro e noto então como nós somos arrastados sempre mais profundamente pela esteira da agressividade. Eu sinto diretamente como o prazer da contenda tem em si algo de mau e destrutivo e no final quase se transforma em ódio. No entanto, a partir de certo momento, eu não me livro mais dessa situação. Então é como se jamais tivesse havido confiança ou proximidade entre nós.

O que é que eu posso fazer para evitar esse deslizamento?

É importante que, mesmo independentemente das brigas, você se conscientize de sua agressividade. Esta sempre faz parte também do amor, pretendendo regular a relação entre proximidade e distância. Ela é um apelo para que evitemos nos ajustar, simplesmente, e, ajustando-nos, passemos a nos anular. Se você sentir vontade de se opor, então há nisto algo de bastante saudável: Você não quer submeter-se sempre. Você quer ser você mesmo. Dessa vez, não quer ajustar-se, mas mostrar que é uma pessoa autônoma. Mas, pelo fato de ter negligenciado isso por tanto tempo, de repente a coisa chega a tal proporção, que você a vivencia também como algo mau e destrutivo. Quando algo se torna mau, isso é sempre um sinal de que aí algo foi reprimido

Não se apavore com sua *agressividade*. Ela é saudável.

ou abafado por um tempo excessivo. Portanto, faça as pazes com sua agressividade. E reflita sobre o modo como pretende vivenciar a agressividade no dia a dia. Quando você sente sua agressividade, isso é sempre um sinal: agora eu preciso estar atenta para permanecer eu mesma e não me anular. Não se apavore com sua agressividade. Ela é saudável. Ela lhe mostra que uma relação apenas dá certo quando os dois não se anulam, mas permanecem eles mesmos. Sempre fazem parte do amor as duas coisas: ser atraído pela outra pessoa e ansiar por fundir-me com ela e, ao mesmo tempo, saber que eu tenho de permanecer eu mesmo. Do contrário, eu me perderia. Quanto mais conscientemente você perceber sua agressividade, tanto melhor poderá conviver com ela. Então ela terá um efeito não mais destrutivo, mas produtivo e animador. No entanto, despeça-se também da pretensão de sempre ter de se opor. Ceder ao desejo do parceiro pode também ser um sinal de vigor. Você é livre bastante também para alguma vez abrir mão do próprio desejo e se abrir ao outro como ele é. Entretanto, o seu opor-se diz respeito não apenas a propósitos comuns, mas também à pessoa de seu parceiro. Em sua agressividade encontra-se o desejo de determinar como o outro deve ser. Delineie esse desejo. Então você notará que ele é irreal. Sua agressividade é então o convite a tomar o outro assim como ele é, com seus pontos fortes e seus pontos fracos, com seus lados luminosos e seus lados sombrios.

MEU marido sofre com sua profissão, a qual não o satisfaz e também o sobrecarrega. Em casa, ele está se tornando a cada dia mais agressivo e descarrega suas frustrações em mim e nas crianças. Eu também não consigo mais me aproximar direito dele. Ele evita conversas. Há algum tempo, vem bebendo mais do que convém. Embora sempre prometa parar de beber, não consegue livrar-se disso. O que é que eu devo fazer?

Como é que posso ajudar meu marido – e a mim mesma?

Seu marido envergonha-se do fato de sua profissão não o satisfazer e de ele descarregar suas frustrações na família. Pelo fato de se envergonhar, ele evita qualquer conversa e tenta livrar-se das frustrações bebendo. No entanto, isso o decepciona ainda mais. Assim, ele vai se tornando sempre mais inacessível. É importante que você não se dirija a ele com censuras, mas simplesmente pergunte como é que ele vai. E, se falar mal do trabalho, pergunte-lhe que lições gostaria de tirar disso e que outros caminhos haveria. Pergunte sem censurá-lo. E, se vir que ele também evita as perguntas e não pretende falar sobre si mesmo, aconselhe-o então a falar a esse respeito com uma pessoa de sua confiança, um amigo ou um terapeuta. Ele deve

Você não deve encarar as agressões dele como algo pessoal contra você, mas como um *grito por socorro* que vem de sua alma.

levar-se mais a sério e modificar algo em sua situação. Se nada ajuda, então seria bom também que você lhe pusesse limites. Quando ele descarregar suas frustrações em você e nas crianças, você deve então reagir defensivamente. "São suas as frustrações. Trabalhe-se, em vez de descarregá-las em nós." Ou então não reaja de maneira nenhuma a isso, mas simplesmente vá para um outro quarto. "Eu só falo novamente com você quando você tiver se tornado novamente você mesmo. Não tenho nenhuma vontade de ser vítima de suas frustrações. É melhor que você se vá e se liberte disso." Você não deve encarar as agressões dele como algo pessoal contra você, mas como um grito por socorro que vem de sua alma. E você deve considerar esse grito por socorro e também fazê-lo saber que compreende seu comportamento. Talvez ele possa então se expor à verdade sobre si mesmo.

COM uma frequência cada vez maior eu venho brigando com meu marido. Muitas vezes, o ponto de partida são coisas insignificantes, como, por exemplo, o dinheiro. Em minha infância, eu fui educada para ser econômica e tenho medo de que ele jogue nosso dinheiro pela janela e assim ponha em risco nossa segurança. Ele me acusa de mesquinhez. Pode ser que nossas brigas cheguem então aos limites do suportável.

Como é que em uma parceria a gente pode tratar "razoavelmente" e equilibradamente dos temas dinheiro e "segurança"?

Infelizmente, em muitas famílias, o dinheiro é um tabu ou um ponto de constante discórdia. Naturalmente, aqui não se trata apenas do dinheiro, mas também da própria educação, de atitudes específicas perante as questões referentes aos valores. Você mesma foi educada para ser econômica. Isso é bom. E pode ser um bom regulador para que seu marido não esbanje tudo. No entanto, você não pode fazer da sua parcimônia a norma suprema. Pergunte-se a si mesma se não há também outro modo de tratar com o dinheiro. Um caminho importante seria considerar seriamente seu medo e, junto com seu marido, traçar

Pergunte-se *o que* o dinheiro representa na relação de vocês, que outros temas se vinculam às brigas por causa do dinheiro.

regras claras sobre a quantidade de dinheiro disponível para as despesas de casa, as aquisições etc. e a quantidade a ser poupada mensalmente para a velhice. Regras claras traçadas de comum acordo são melhores do que brigas diárias. Naturalmente, as receitas e despesas têm de ser regulamentadas. Do contrário, sempre haverá brigas. Mas, mesmo vocês tendo traçado boas regras que lhes deem um pouco de segurança, o dinheiro todas as vezes se tornará um problema. Então não é só o dinheiro, mas ao dinheiro se vinculam muitas outras coisas: Pode ser o medo do futuro ou o medo de que seu marido precise do dinheiro para presentear outras pessoas, o medo de que ele não dê suficiente atenção à família etc. O dinheiro representa a dedicação. Se seu marido gastar muito dinheiro, você tem a impressão de que está em desvantagem, de que para ele o dinheiro e seu consumo são mais importantes do que a relação. Pergunte-se, portanto, o que o dinheiro representa para você e seu marido, que outros temas se vinculam às brigas por causa do dinheiro. E tente então falar a esse respeito de modo racional e sóbrio e traçar regras claras.

EU tenho um namorado cuja família não me aceita. Seu pai mal fala comigo e deixa bem claro que não gosta de mim. Sua irmã assume uma atitude semelhante de rejeição. Acontece que nada mais me interessa do que estar em harmonia e ser aceita. Meu namorado está do meu lado, mas ele também se desgasta, pois vê como eu estou magoada.

Como é que eu posso conviver com pessoas que não querem me aceitar?

É doloroso que a família de seu namorado não a aceite. Mas, se você e seu namorado acreditarem que o amor de vocês um pelo outro "está certo" e forem suficientemente fortes para vivê-lo ao longo de uma vida, então vocês deveriam seguir o caminho do amor. Naturalmente, vocês devem então proteger-se do pai e da irmã. Talvez os dois estejam projetando em vocês seus próprios desejos. E vocês não correspondem a esses desejos. Será necessário lamentar o fato de você não se sentir aceita como deseja. Seria bom se a família a aceitasse. Mas, se tal não é o caso, então você precisa ter bastante distância interior em relação a essa família. E você pode, ainda assim, nutrir a esperança de ser aceita em algum momento. Se a família vir que vocês dois estão felizes um com o outro, provavelmente

Pergunte-se também, sobriamente, se o amor de vocês é capaz de resistir à *carga* que pesa sobre ele.

ela também em algum momento concordará com o amor de vocês. Entretanto, você também deveria se perguntar sobriamente se o amor de vocês é capaz de resistir a essa carga que pesa sobre ele. Se a rejeição permanecesse para sempre, certamente não seria fácil viver sem o apoio da família. Porém, isso também é possível. Em todo caso, você é livre. Você não se deve tornar dependente da aceitação da família. Seu namorado precisa também se decidir por você, e frustrar então as expectativas de sua própria família, e romper com a vinculação por demais estreita com a família. Pois essa dependência não lhe faz bem. A família o prende e não o deixa seguir seu próprio caminho. Reze para chegar a uma clareza interior. Mas, quando houver chegado a uma clareza, siga então o caminho do amor e confie que o amor pode também dissolver as resistências da família. Que o anjo da clareza e da resolução se digne acompanhá-la nesse processo.

CAPÍTULO 5

Eu e os outros

Nossa vida decorre na convivência, na convivência com a vizinhança, com a empresa na qual nós trabalhamos, com a paróquia ou a comunidade na qual nós nos engajamos e nos muitos contatos que nós temos no dia a dia. No convívio com os outros, nós somos confrontados com nossos próprios sentimentos e modelos de vida. Na conversa com um homem que fala alto, nós nos lembramos do pai de quem tínhamos medo quando ele ralhava. E então, bem depressa, nós assumimos o papel da menininha medrosa ou do menino submisso. Muitos se irritam quando, no convívio com outras pessoas, vivenciam seus velhos modelos de vida. Eles pensam que aos 50 ou 60 anos de idade já teriam de há muito tempo ter deixado para trás as marcas da infância. Mas, em vez de nos irritar, nós deveríamos utilizar nosso relacionamento com outras pessoas como uma chance para crescermos e nos tornarmos sempre mais conscientes de nós mesmos. O encontro com outras pessoas é uma importante fonte de autoconhecimento e de amadurecimento pessoal.

Uma coisa é essencial: No convívio com os outros, nós temos de nos despedir da pressão de nos compararmos com outras pessoas. Mesmo se não gostaríamos de nos comparar, tais pensamentos se manifestarão em nós. Então eles pretendem nos convidar a conscientemente dizer sim a nós mesmos. Nós não precisamos ser como os outros. Nós somos nós mesmos. Nós somos únicos. Não se trata de ser melhor, ou mais forte, ou mais inteligente, ou parecer melhor do que os outros. Trata-se, antes, de entrar em sintonia conosco mesmos. Estando em harmonia comigo mesmo, eu me porei perante os outros em total liberdade. Sempre que eu me ponho sob a pressão de ter de passar uma determinada imagem, a convivência torna-se então estressante. Se nós nos permitirmos ser nós mesmos, então a convivência se torna livre, e a liberdade se articula com o respeito mútuo. Quem descobre em si o seu valor reconhece também o valor do outro e é capaz de se alegrar com isso.

Nós só podemos nos dar bem uns com os outros se nos abrirmos uns aos outros. Entretanto, nós precisamos estar bem delimitados. Há pessoas que não conhecem limites. Elas se fundem com todas as outras. Relacionam tudo a si mesmas. Quando viajam de ônibus, têm a impressão de que as duas pessoas que estão conversando estão falando sobre elas. Quando duas pessoas riem, pensam que estão rindo delas. Todos nós tendemos a tal atitude: Quando alguém olha mal-humorado, nós cremos que está nos rejeitando ou desaprovando nosso comportamento. Nós relacionamos tudo a nós mesmos. Aqui uma coisa é certa: Nós precisamos ter limites para podermos nos relacionar bem com os outros sem nos esgotarmos e sem nos deixarmos tomar totalmente por eles. No entanto, muitos têm medo de dizer não. Eles creem que estariam magoando os outros. Acontece que um não, dito claramente, pode criar uma relação de boa qualidade. O outro sabe onde está pisando. Proximidade e distância, delimitar-se e abrir-se, ir ao outro e recuar, tudo isso precisa de um bom equilíbrio. Conseguindo esse equilíbrio, nós vivenciaremos então a convivência como um enriquecimento.

EU luto muito contra a inveja. É um sentimento que está situado muito profundamente em mim, e eu sei, naturalmente, que isso é um vício ou, pelo menos, não é um belo traço de caráter. Eu sei que é algo absurdo e, no entanto, sou normalmente possuído por ele. Eu me esforço por ser grato e, no entanto, recaio a seguir nas lamúrias pelo fato de as coisas irem melhor ou serem mais fáceis para outrem.

Qual a melhor forma de eu me confrontar com a inveja?

A *inveja* lhe mostra a força que está em você. E você deveria ser grato por isso.

Você não deve lutar contra sua inveja, mas falar com ela. O que é que a inveja lhe diz? Que ânsia se oculta por trás dela? Talvez esta: você gostaria de ser feliz, viver mais comodamente, lidar mais facilmente com a vida... Talvez, admitindo esses desejos, você descubra que se encontra em você mesmo a capacidade de conviver diversa e mais facilmente consigo, melhorar algumas coisas. Isso seria um caminho. A inveja lhe mostra a força que está em você. E você deveria ser grato por isso.

O outro caminho: Você deveria lamentar o fato de ser como é, medianamente dotado, com certa dificuldade etc. O lamentar passa pela dor da própria limitação. Mas, por meio do lamentar, nós entramos também em sintonia com o potencial de nossa alma, que se oculta em nós. E nós nos tornamos capazes de dizer sim a nós mesmos assim como nós somos, dizer sim a nossa mediania. Esse sim conduz à paz interior. Portanto, não lute contra a inveja. Antes, permita que a inveja que se manifesta em você lhe lembre sempre que deve ser grato pelo que você tem, pelo que é e pelo que vive. Agradecer vem de pensar[3]. A inveja convida-o a pensar corretamente, ou, dito de modo mais exato, pensar de tal modo que você possa ser grato. E você encontrará motivo bastante para ser grato por ser assim como é, para ser grato pelos dons e vivências que Deus lhe deu.

---

[3]No original alemão: *Danken* vem de *denken* (N.T.).

NA presença de alguém que está sempre criticando e apenas fala coisas negativas, eu sou totalmente impotente.

Como é que eu deveria reagir?

Decisivo é *proteger*-se a si mesmo e não se deixar contagiar ou influenciar negativamente pelas palavras negativas.

O primeiro caminho em tal situação é proteger-se a si mesmo e não se deixar contagiar ou influenciar pelas palavras negativas. Eu deixo que as palavras fiquem com o outro e não dou resposta. Senão, ele sempre encontrará novos motivos para levar adiante sua crítica. Se você contrapuser algo bom, ele dirá: "Sim, mas..."

Há dois modos de responder. O primeiro é o silêncio. Se você não disser simplesmente nada, permanecer em silêncio, então o outro logo notará que suas palavras não encontram qualquer ressonância. Ele estará, portanto, conversando consigo mesmo. E, a longo prazo, ele estará entediado. O segundo modo de responder: Você lhe pergunta de modo bem direto: "O que você ganha vendo as coisas de modo assim tão negativo?" Essa pergunta pelo menos deixará o outro inseguro. Talvez respondesse evasivamente: "O mundo é simplesmente tão cruel". Então eu apenas responderia: "Nós sempre vemos o mundo do modo como nos vemos a nós mesmos". Entretanto, eu não discutiria mais a esse respeito, mas simplesmente deixaria a palavra agir por si mesma. Ela o deixará inseguro. E, mesmo não modificando de imediato o seu modo de falar, ela será como um aguilhão em sua alma, um impulso que em algum momento irá influenciar seu modo de ver.

VEZ por outra, entre colegas e amigas, nós falamos sobre outras pessoas. Trata-se de bisbilhotice e observações críticas. Eu noto como é prazeroso e pode ser atrativo falar mal de outrem. E noto que é uma grande tentação, da qual eu quase não consigo me livrar.

É quase como um vício, e depois eu também não me sinto bem.

Nós gostamos de falar sobre os *erros dos outros* e os denegrimos para nos sentirmos melhores.

Nós gostamos de falar sobre os erros dos outros e os denegrimos para nos sentirmos melhores. Nós desviamos a atenção dos nossos próprios erros. E, secretamente, nós gostaríamos de nos pôr acima dos outros. Nós somos, afinal, melhores do que os outros. Mas, ao mesmo tempo, nós sentimos que tais conversas não levam a nada. Depois você se sente pior. Hermann Hesse disse certa vez: "O que não está em nós também não nos afeta". Quando estiver falando sobre outras pessoas, pergunte-se: Será que agora eu estou falando propriamente sobre mim? Será que eu não tenho exatamente os mesmos erros dos outros de quem estou falando? Portanto, tome o seu falar como reflexo de si mesma. Isso fará então com que você simplesmente deixe de continuar falando negativamente de outras pessoas.

A pergunta é como você deve reagir às suas colegas e amigas. Você não deve se pôr acima delas censurando-as por seu comportamento. Você deve ficar quieta em tais conversas ou desviar a conversa para outro assunto ou dizer, de repente: "No fundo, eu não gostaria muito de falar de outras pessoas. Afinal, eu também não sou diferente daquelas pessoas de quem agora nós estamos falando". Com tais palavras, você, sem censurá-las, convida suas colegas a se voltarem para outros assuntos. Com isso você toca na ânsia de suas amigas por falar umas com as outras de outro modo. Pois, ao falar desse modo sobre outras pessoas, certamente suas amigas são realmente tão pouco felizes quanto você. Tais conversas deixam em todas elas um ressaibo nada agradável. Por isso, em tais situações, você deve simplesmente ter a coragem de elevar suas conversas a outro nível.

NO fundo, eu sou uma pessoa boa. E, se alguém me pedir amigavelmente alguma coisa, eu sou quase incapaz de dizer não. No entanto, eu noto que as pessoas também se aproveitam da minha bondade.

Como é que eu posso aprender a dizer não sem abrir mão de minha amabilidade?

Você pode ser grata por sua amabilidade e solicitude. Este é um lado bom em você. Você também não deve fazer um giro de 180 graus. Isso não seria verdadeiro em você. No entanto, você deveria estar atenta aos seus sentimentos. Quando sente que as pessoas estão se aproveitando de você, então afloram em você sentimentos de amargura e agressividade. E você deve levar a sério esses sentimentos. Eles lhe mostram que você precisa estabelecer limites. O sentimento de ser explorada é, portanto, como um alarme que lhe mostra que agora você deveria dar mais atenção a si mesma e, em uma determinada situação, dizer não. Quando sentir dificuldade de dizer não, pergunte-se então por quê. Talvez você gostasse de ser estimada por todos. Então reconheça também sua carência: "Sim, eu gostaria de ser estimada por todos". Admitindo isso, você nota então que isso é irreal. Assim, você pode admitir sua carência e, ao mesmo tempo, livrar-se dela.

O sentimento de ser explorada é como um *alarme* que lhe mostra que agora você deveria dar mais atenção a si mesma.

Talvez você tenha medo de ferir o outro ao dizer não. Mas você pode também dizer não de um modo amável e claro, sem ferir o outro. Pode ser que o outro se sinta ferido e incuta em você um sentimento de culpa ao presumir que dessa vez você esteja sendo egoísta. No entanto, isso é apenas um truque a fim de induzi-la novamente a sempre dizer sim. Incutir em uma outra pessoa sentimentos de culpa é a forma mais sutil de se exercer poder. Naturalmente, você não tem nenhuma garantia de que sempre age corretamente. Mas confie no sentimento interior. Ele lhe diz onde você deve dizer sim e onde deve dizer não. O não pode lhe dar um sentimento de liberdade e coerência e também clarifica a relação com o outro. Põe a relação sobre uma base mais sólida.

EM meu clube, do qual eu sou presidente, nós temos sempre de decidir sobre muitas coisas. Naturalmente, isso apenas é possível em acordo com os outros. Acontece que eu sou um tipo que decide mais a partir do ventre, isto é, intuitivamente e a partir do sentimento. Meu colega de presidência é um tipo mais racional, que tem de pesar tudo em termos de prós e contras, que quer primeiramente checar todas as informações até chegar a alguma conclusão. Isso leva sempre a opiniões totalmente contrárias e a brigas.

Como é que eu devo me comportar em tais conflitos?

Seja grato por sua capacidade de decidir "a partir do ventre". E está claro que você também gosta de tomar decisões, enquanto seu colega, por princípio, tem dificuldade em tomar decisões e por isso precisa de todos os argumentos possíveis. Não é nada estranho que a diversidade de índoles possa levá-los a conflitos. No entanto, você pode também ver essa diversidade como uma boa complementação. Mantenha-se em sua capacidade de decidir intuitivamente. Proponha ao outro sua decisão: "Eu decidiria assim". Mas dê tempo ao outro para examinar a decisão. Assim você não o surpreende, e aceita sua criteriosa tomada de decisão, e até mesmo vê nisso uma chance. Se, no entanto, ele chegar a uma outra decisão, você não deve ceder, simplesmente, mas ouvir os argumentos dele e então decidir a partir do sentimento interior. Geralmente, isso é melhor do que os muitos argumentos. Entretanto, não deveria constituir-se uma luta por poder. Em uma luta por poder, em tais situações há apenas perdedores. Se vocês chegarem a concepções contrárias, então você pode dizer: "Eu ouço de bom grado seus argumentos e os respeito. Mas, ao me voltar para dentro de mim mesmo, eu sinto que decido de outro modo". Se você for o presidente verdadeiramente competente e responsável, pode também confiar que, se você decidir de modo diferente, o outro é capaz de aceitar sua decisão sem perder o bom humor. Afinal, você sinalizou que a reflexão dele foi importante para o processo de decisão. Há, naturalmente, algumas decisões que têm de ser tomadas imediatamente. Em tal caso, você deveria também confiar que seu colega seja capaz de implementar a decisão junto com você, mesmo não tendo tido ainda tempo para refletir.

Ajude o outro a manter o bom humor. Em lutas por poder, há apenas perdedores.

SOB muitos aspectos, eu tenho uma "memória de elefante". Tenho uma dificuldade enorme de perdoar ou esquecer algo que me fizeram, mesmo depois de muito tempo. Coisas negativas me provocam sempre. Perseguem-me e me influenciam, naturalmente, também de modo negativo. Mas eu também sofro pelo fato de não conseguir me distanciar desses maus pensamentos. Eu me irrito comigo mesmo e fico deprimido por recair novamente nesse modelo de comportamento.

O que é que eu posso fazer para me livrar realmente de velhas ofensas?

Encare as ofensas, mas não fique remexendo as velhas *feridas*.

O fato de se irritar consigo mesmo não está em seu poder. Mas você mesmo é o responsável pelo modo como trata com essa irritação. As ofensas emergem, simplesmente. Você não pode impedi-las de ocupar sua memória. No entanto, você pode tratar com elas de modo diverso. Encare as ofensas, mas não fique remexendo as velhas feridas. Admita para si mesmo que essa ofensa doeu em você. Mas imagine, então, que a ofensa o abriu para seu verdadeiro Eu. A ofensa destruiu suas ilusões de um mundo saudável. Destruiu as máscaras que você pôs em si mesmo, as couraças que você queria construir em torno de seu coração a fim de não poder ser ferido assim tão facilmente. A ofensa pode também tornar-se uma chance de mergulhar mais intensamente no fundo de sua própria alma para descobrir ali seu verdadeiro Eu.

Um outro modo de tratar com as ofensas seria, em vez de combatê-las, oferecê-las a Deus. Imagine que o amor de Deus, com o seu poder de cura, penetre em suas feridas e as transforme. Então suas feridas se tornam o portão de entrada do amor de Deus. E as ofensas lhe lembrarão sempre que esse amor é mais forte do que as feridas que as pessoas deixaram em você. As ofensas tornam-se sinais que lembram o amor de Deus. Com isso, elas perdem seu poder destrutivo sobre você. Portanto, você não deve simplesmente jogar fora os pensamentos. Tome-os como amigos que gostariam de conduzi-lo a Deus e a seu verdadeiro Eu.

Eu sei, naturalmente, do alívio e da libertação que alguém pode sentir quando faz as pazes com outrem. Eu gostaria de me reconciliar com uma certa pessoa.

O que acontece quando o outro não está disposto a se reconciliar?

A palavra latina para reconciliação – *reconciliatio* – significa que nós entramos novamente em comunhão com a pessoa com quem tínhamos brigado. A palavra alemã reconciliação – *Versöhnung* – tem significados diversos. Pode significar reparação. Mas também pode significar "tranquilizar, acalentar, serenar". Quando me reconcilio com uma outra pessoa, eu tranquilizo sua alma que estava furiosa comigo. Uma nova relação é possível.

A reconciliação acontece normalmente entre duas pessoas. Mas, se a outra pessoa não estiver de maneira nenhuma disposta a se reconciliar, então nós não devemos ficar em suas mãos. Não devemos nos anular e nos curvar. Pelo contrário, em tal situação, trata-se de se reconciliar interiormente com o outro, perdoar-lhe e deixá-lo interiormente livre. É doloroso ver que o outro não está disposto a se reconciliar. No entanto, nós não devemos julgá-lo, mas lamentar o fato de ele ser assim. Quão intensamente ofendido ele deve estar para se fixar assim em sua ferida? De que é que ele tem medo? Será que ele tem medo de pôr em questão a si mesmo, bem como seus princípios de vida? Será que ele tem medo de assim se perder a si mesmo? Trata-se agora de respeitar o fato de ele não estar ainda disposto a se reconciliar. Entretanto, eu nunca devo perder a esperança. Eu não devo jamais abandoná-lo. Eu sempre deixo uma porta aberta. Mas não devo pressioná-lo todo dia a entrar pela porta aberta. Cabe-lhe decidir se aceita um dia a oferta da porta aberta ou se gostaria de ficar para sempre do lado de fora. Também isso eu devo respeitar, mesmo me sendo difícil. No entanto, mesmo se o outro não está disposto a se reconciliar comigo, é meu dever reconciliar-me interiormente com ele, isto é, não censurá-lo mais, deixá-lo ser como é e, não obstante, estender-lhe a mão para a comunhão. Eu estou reconciliado com o outro quando não tenho mais nada contra ele. Isso sempre é também um bem que eu faço a mim mesmo. Pois, enquanto eu não estiver reconciliado, eu ainda estou preso ao outro, eu ainda lhe concedo poder. Sua energia negativa ainda age em mim. A reconciliação liberta-me dessa energia negativa. Ela cura a ferida que ainda está em mim e me concede paz interior.

Eu sempre deixo uma porta aberta. Mesmo se o outro não está disposto a se reconciliar *comigo*, é meu dever reconciliar-me interiormente *com ele*.

EU tenho medo de pessoas que se comportam com imponência, que são superiores a mim em retórica e além disso têm uma posição que lhes permite me encarar "de cima para baixo".

O que é que eu posso fazer contra essa paralisia interior?

Para começar, seria bom você se perguntar quem lhe lembram tais pessoas às quais você se sente inferior. Talvez seja o pai que o fez tímido. Ou, quiçá, você desenvolveu em sua infância uma baixa autoestima. Você deixa que tais pessoas lhe imponham o papel de inferior. Agora você não deve travar nenhuma luta por poder. O primeiro caminho é que você esteja bem consigo mesmo, portanto, esteja em sintonia consigo mesmo. Se você estiver em sintonia consigo mesmo, então o outro não tem tanto poder sobre você. Você pode imaginar: Eu estou em sintonia plena comigo mesmo, eu me encontro em paz comigo mesmo. Eu me reconheço em minha unicidade. Eu posso ser assim como sou. Eu não preciso ser assim tão forte no falar. Mas eu sou eu.

E, então, imagine: Se eu estiver assim em harmonia comigo mesmo, então essa pessoa, perante a qual eu muitas vezes fico como que paralisado, vem até mim e começa a me convencer com seus argumentos. Eu não preciso de maneira nenhuma me contrapor a ela. Eu fico, simplesmente, onde estou e observo o que decorre no outro. Por que será que ele precisa se comportar assim com tanta imponência? Por que será que ele precisa embasar seus argumentos com uma retórica assim tão grandiosa? Será que ele mesmo não acredita em seus argumentos? Será que ele precisa encontrar tantos fundamentos pelo fato de não ter nenhum fundamento interior sobre o qual se ponha? E o que será que eu lhe responderia se simplesmente não me deixasse abalar? Ou será que eu preferiria me calar, visto que simplesmente não vale a pena dar qualquer resposta? Será que justamente o meu silêncio o deixaria inseguro?

Se você delinear a conversa em sua imaginação, isso também o ajudará a falar com essas pessoas de um outro modo e também reagir a elas de um outro modo, na realidade. Quando, então, estiver realmente na conversa, você não mais ficará paralisado. Então o outro o porá, antes, em sintonia com suas próprias forças e com sua própria capacidade. Mas isso requer tempo. Você armazenou em si imagens muito poderosas do outro. Imagine que o outro também seja apenas um ser humano, alguém que precisa esconder alguma coisa por trás de sua fachada. Você precisa ter outras imagens de si mesmo e do outro para que a conversa seja bem-sucedida. Está claro que você tem de si mesmo uma autoimagem precária que talvez também se expresse em palavras como: Eu não estou certo. Eu sou pequeno e sem talento. Eu não correspondo ao que se espera de mim. E você

Imagine que o outro também seja apenas um ser humano, alguém que precisa esconder alguma coisa por trás de sua *fachada*.

tem também do outro uma imagem irreal: Ele tem muito poder. Ele me conhece por dentro. Ele é superior a mim. Eu não correspondo a suas expectativas. Não busque quaisquer imagens, arbitrariamente, mas apenas imagens que correspondam de fato a você e ao outro e permitam que a relação se torne mais realista. Então, não somente você se transformará, mas também sua relação com os outros não será mais a mesma.

CAPÍTULO 6

Espiritualidade e questões de fé

Pessoas que se inquietam com questões religiosas e se lançam à busca espiritual vivenciam hoje, de um lado, a experiência de ser levadas a uma situação de insegurança por contemporâneos que rejeitam fé e religião ou não sabem, simplesmente, o que fazer com isso. Mas elas também são levadas a uma situação de insegurança por pessoas que estão de tal modo fixadas em sua fé, que para elas tudo é claro e inquestionável e elas veem qualquer dúvida como fraqueza ou infidelidade.

A atitude em relação à religião também não é mais inequívoca no clima intelectual de nosso tempo. De um lado, nós falamos do retorno da religião. A busca espiritual é amplamente difundida, também em círculos que não são tipicamente eclesiásticos. E muitos psicólogos descobriram hoje o efeito positivo da espiritualidade. De outro lado, parece haver hoje também um renascimento do ateísmo. Isso deixa inseguras muitas pessoas de fé. Decisivo é que a fé não pode ser extirpada do mundo com argumentos científicos, posto que se situa em um nível diferente daquele da "pura razão", que também não existe de maneira nenhuma enquanto tal.

O outro desafio que se lança a pessoas que estão em busca e são sensíveis a questões espirituais é quando elas mesmas percebem que perderam sua fé, a qual antes era importante e evidente para elas. Tais pessoas viveram na infância, na adolescência e talvez ainda muito tempo depois nessa segurança da fé e se moveram por muito tempo com extrema obviedade em um ambiente espiritual marcado pela Igreja. De repente, elas não sentem mais nada daquilo em que acreditavam e que lhes deu suporte em sua vida espiritual. Elas sentem um vazio, uma lacuna em sua vida, e buscam honestamente uma fé que as convença e realmente lhes dê suporte e lhes confira uma nova segurança interior.

Muitas vezes, pessoas de fé sofrem também com o fato de seus filhos e netos não quererem mais saber de nada em matéria de fé. Seus filhos e netos não rejeitam a fé. No entanto, parecem não ter antena e interesse para isso. A fé é para eles simplesmente algo estranho. Isso deixa pasmos muitos pais e avós que têm fé.

Há ainda os cristãos que estão plenamente convencidos daquilo em que acreditam. Para eles, tudo é claro. E eles incutem remorso nos que estão em uma busca espiritual por estes não terem uma relação pessoal com Deus ou com Jesus. Bastaria, na opinião deles, que tais pessoas confiassem tudo a Jesus para que tudo então ficasse bom. Nós gostaríamos de ter essa certeza.

Ao mesmo tempo, porém, fazem-nos duvidar se as coisas são realmente assim tão fáceis. E às vezes tais palavras nos pressionam a ter os mesmos sentimentos, a nos sentir amados por Jesus. No entanto, não podemos simplesmente provocar certos sentimentos. Pessoas de fé que estão honestamente em busca procuram um fortalecimento de sua fé. No entanto, elas não gostariam de que nós lhes impuséssemos um sólido edifício de crenças. Elas gostariam de continuar sendo seres humanos que, com honestidade, buscam e perguntam. Suas perguntas são um desafio à Igreja no sentido de anunciar a fé em uma linguagem que toque os corações. Deve ser uma linguagem que não trivialize a fé, mas, pelo contrário, se dirija à nossa ânsia mais profunda por Deus. Hoje nós ansiamos pela linguagem que foi dada aos discípulos falar na festa de Pentecostes, posto que o Espírito Santo pousou sobre eles em línguas de fogo. Então eles podiam falar de tal modo, que uma centelha irradiava e as pessoas se sentiam compreendidas em seu coração. Cada um entendia o que os discípulos queriam dizer. Não era uma compreensão intelectual, nem algo que deixasse as pessoas isoladas em sua interioridade, mas uma compreensão que conduzia à pergunta: "Que devemos nós fazer?" (At 2,37).

Na concepção de Max Horkheimer, justamente uma linguagem que não fosse simplesmente ajustada manteria desperta em nós a ânsia pelo totalmente outro. Mas ela tem de ser uma linguagem que toque nosso coração e o abra para Deus. Diz Albert Biesinger, em um livro sobre educação religiosa, que nós não deveríamos "enganar as crianças a respeito de Deus". Isso vale também em relação aos adultos. Eles não gostariam de ser enganados a respeito de Deus. Eles gostariam de confiar em sua ânsia de que Deus seja o objetivo de sua vida. Como é que nós encontramos a linguagem que vá ao encontro dessa ânsia por Deus e abra os corações para Deus e para o mistério de Jesus Cristo?

MINHA mãe me educou sozinha. Meu "genitor", portanto, o pai biológico, desapareceu naquele tempo, de modo que eu nunca tive contato com ele.

Como é que eu posso ver Deus como meu pai, se eu nunca conheci meu pai?

É sempre uma ferida que fica quando nós não conhecemos nosso próprio pai. Essa ferida você não pode ignorar. Você deve deplorá-la. Então, através da ferida, você entra em contato com o potencial de sua alma. E você descobrirá também em sua alma a imagem arquetípica do pai. Imagens arquetípicas estão gravadas em nossa alma, independentemente de nossa educação. No fundo de nossa alma, nós sabemos o que seja um bom pai. Se nós entrarmos em contato com essa imagem arquetípica em nós, ela desenvolve sempre um efeito benfazejo. Ela nos deixa centrados, como diz C.G. Jung. Com isso ele quer dizer o seguinte: Ela nos conduz a nosso verdadeiro Eu. Portanto, escute sua alma e descubra a imagem arquetípica de pai que se encontra nela. Você pode também descobri-la perguntando-se que pessoas paternais o afetam e tocam na realidade ou também em filmes ou em livros. Então conviria gravar essa imagem sempre mais profundamente em si e tentar conviver consigo

Um modo importante de alguém entrar em contato com o pai que há em si é o encontro com *pessoas paternais.*

mesmo de uma maneira determinada pelos lados positivos de tal imagem de pai. Se você abraçar paternalmente a criança abandonada e ferida que há em você, então o pai que há em você se tornará sempre mais forte.

Um modo importante de alguém entrar em contato com o pai que há em si é o encontro com pessoas paternais. Certamente, ao longo de sua vida, você encontrou também pessoas paternais, pais substitutivos: talvez o avô, o tio, um professor, um padre. Se você projetar em Deus as experiências com essas pessoas paternais, então se manifestará quem pode ser Deus para você. Ou confie na sua ânsia interior pelo pai e direcione essa ânsia para Deus. Então as palavras da Bíblia a respeito do Deus paternal tocarão seu coração. Insira o Pai nosso nessa ânsia. Então pode ser que você faça a experiência de Deus como o pai que lhe dá apoio, que está a seu lado, que nunca o abandona, que lhe dá coragem de assumir sua própria vida.

MEU pai sempre me ensinou que a fé é algo absurdo. Eu me decidi pela fé. No entanto, muitas vezes eu sou tomado por fortes dúvidas: não seria tudo apenas uma ilusão?

Como é que eu posso conviver com minhas dúvidas?

As *dúvidas* nos obrigam a questionar aquilo em que cremos. E nos ajudam a reformular para nós mesmos o que nós realmente pensamos.

As dúvidas fazem parte da fé. Elas nos obrigam a questionar aquilo em que cremos. E nos ajudam a reformular para nós mesmos o que nós realmente pensamos quando cremos em Deus, em Jesus Cristo, em sua ressurreição, na vida eterna que nos aguarda. Mas há também dúvidas que são um obstáculo à nossa fé. Se nós questionarmos tudo, se nós destruirmos tudo pela dúvida, então não há mais nada em que nós possamos confiar. Por isso, poderia ser útil você imaginar: Sim, tudo é apenas ilusão. Meu pai tem razão: Fé é algo absurdo. Se eu me permitir imaginar isso, então sentirei profundamente em meu coração: Vale a pena crer. Senão, tudo seria absurdo. Senão, nós não poderíamos confiar em nada. E eu me decido, então, pela fé. Você viu que seu pai não foi feliz com sua descrença. Está claro que ele a viveu obstinadamente, senão, não teria tentado doutriná-lo. Essa obstinação mostra que ele tinha em si uma ânsia pela fé. No entanto, não confiou nela.

A voz de seu pai emergirá sempre em você. Talvez seja justamente sua tarefa, em face dessas dúvidas interiores e às ameaças de descrença, buscar sempre a fé e lutar por ela. Com isso, você estará então realizando algo não apenas por si mesmo, mas também por muitas pessoas que hoje têm dificuldade de crer. Na condição de representante de muitas pessoas que duvidam, você luta até chegar à fé e, assim, ajuda também outras pessoas a superar suas dúvidas. E você se torna capaz de falar da fé de modo que também pessoas que estão em busca compreendam o que significa ter fé, que pessoas que duvidam entrem em contato com sua ânsia por se entregar a Deus na fé e encontrar em Deus liberdade interior e estabilidade.

EU mesmo saí da Igreja Evangélica após a guerra pelo fato de o pastor de nossa comunidade ser um nazista. Nós não batizamos nossa filha. No entanto, tentamos educá-la segundo princípios morais e também em uma atitude de abertura em face da religião. Hoje ela tem um filho que não gozou mais de nenhuma educação religiosa. Uma vez que, ultimamente, eu entrei de novo para a Igreja e estou ativo também na comunidade e sinto como isso se tornou importante para mim, eu sofro de modo bem especial pelo fato de meu neto não saber mais o que fazer neste mundo.

Como é que eu posso transmitir a meu neto algo daquilo que é importante para mim?

Você não pode fazer papel de missionário em relação a sua filha. No entanto, você deveria tranquilamente falar com ela sobre aquilo que é importante para você. Conte, simplesmente, o que você faz na Igreja. Se o neto estivesse aberto a isso, eu falaria também daquilo que me dá suporte e daquilo que a fé representa para mim. E eu também lhe perguntaria como é que ele entende sua vida e em que é que ele vê o sentido da vida. Eu não sei a idade de seu neto. Se ele ainda for bem pequeno, eu

É um desafio encontrar uma linguagem que abra o *coração* para algo que é maior do que a luta cotidiana por boas notas e bastante dinheiro.

rezaria com ele. Se ele já for maior, eu talvez lhe desse um livro que pudesse lhe transmitir um outro modo de ver. E você deve, sobretudo, confiar que ele encontrará um meio de sentir em seu coração mais do que é capaz de expressar para fora. Pois todo ser humano tem em si uma ânsia por esse mais. Você pode nutrir a esperança de que um dia essa ânsia seja tocada e despertada também nele por meio de uma experiência espiritual. Conheço várias pessoas que não receberam nenhuma educação religiosa e, no entanto, descobriram em seu coração uma ânsia religiosa. Elas eram abertas a cultos ou templos nos quais se sentissem bem. Você pode simplesmente visitar igrejas junto com seu neto e explicá-las para ele. Veja então que dúvidas ele tem. Mas é também para você um desafio encontrar uma linguagem que seu neto entenda e que lhe abra o coração para algo que é maior do que a luta cotidiana por boas notas e bastante dinheiro.

EU conheci recentemente um rapaz que acho muito simpático, e creio que é amor o que está se desenvolvendo entre nós dois. No entanto, ele vem de um ambiente familiar bem diferente do meu e não quer nem saber de fé e de cristianismo. Nós evitamos falar desse tema. Há muitas outras coisas que nos unem e nos interessam. No entanto, existe uma lacuna entre nós. Como é que eu posso superá-la?

Bastará o amor?

Para o namoro e o casamento não é absolutamente necessário que o outro tenha a mesma fé que eu tenho. No entanto, eu não posso evitar falar do tema. Senão, faltará sempre algo entre você e seu namorado. E você terá a sensação de que uma parte de você não é amada. Portanto, fale a respeito de sua fé e daquilo que ela significa para você. Ele não precisa necessariamente compreender essa fé. Mas, no modo como ele escuta, é possível perceber se você se sente apreciada e amada também com sua fé. Se seu namorado ridicularizar sua fé, então isso seria certamente um motivo para se separarem. Pois então você mesma não se sentiria levada a sério. Portanto, você pode apenas examinar se o amor é forte o bastante para se sobrepor à diversidade de posições em relação à fé. Você não precisa esperar que o outro assuma a sua fé. No entanto, ele deveria considerá-la e pelo menos mostrar-se interessado. Com efeito, sua fé é também para ele um desafio no sentido de se confrontar com seu próprio projeto de vida e se perguntar o que, em última instância, o sustenta e que sentido ele vê em sua própria vida. Você pode ser grata pelo amor que está sentindo. O amor é a verdadeira base para uma relação duradoura. No entanto, esse amor diz respeito sempre ao ser humano inteiro, com sua história, com sua fé, com suas convicções mais profundas. Se a descrença de seu namorado é para você um desafio no sentido de refletir sobre sua própria fé, então a relação é sólida. Mas, se você negligenciar sua fé em consideração ao namorado, isso não lhe fará bem – nem à sua relação.

O *amor* é a verdadeira base para uma relação duradoura. No entanto, esse amor diz respeito sempre ao ser humano *inteiro*, com sua história, com sua fé, com suas convicções mais profundas.

MINHA mãe me diz sempre que eu deveria pensar positivamente. Ela está convencida de que a gente deve apostar na força do positivo. O bem logo haverá de se impor. E a gente conhece também da televisão essa frase igualmente ligeira e superficial a respeito de um mundo saudável – "Tudo fica bem". Estou convencido de que esse pensamento positivo é apenas imbecilidade popular. De outro lado, diz minha mãe, isso é também uma questão de fé, que é confiança em Deus. Será, então, que, sendo cético, eu sou não cristão ou descrente? Mas basta a gente ver todo dia o jornal. Ou também abrir os olhos ao redor de si.

Quem disse, então, que no fim tudo fica bem?

Se eu tenho de ver tudo de modo positivo, então isso é um sinal de que eu *reprimo* tudo que é negativo.

A confiança que a fé transmite deve ser distinguida da atitude, tão típica hoje, que consiste em ver tudo de modo positivo. Se eu tenho de ver tudo de modo positivo, então isso é um sinal de que eu reprimo tudo que é negativo. Eu não gostaria de me confrontar com o negativo. Há sempre as duas coisas: o bem e o mal, o positivo e o negativo. Você pode tranquilamente confiar no seu sentimento de que frases do tipo "Tudo fica bem" são muito levianas e pretendem nos induzir a crer em algo que não é verdade. De outro lado, sua mãe tem plenamente razão quando diz que a crença no positivo tem a ver com a fé em Deus. A confiança em Deus me leva a ver minha vida a uma luz mais positiva. No entanto, a confiança em Deus não significa que jamais me pudesse ocorrer algo negativo, que eu jamais pudesse adoecer ou fracassar. A confiança em Deus está situada a um nível mais profundo. Em todas as ocasiões, Deus me conduz. Mesmo que eu adoeça, mesmo que eu fracasse profissionalmente, eu não deixo de estar nas mãos de Deus. Esse modo positivo de ver faz parte da fé. Portanto, assim como você vê de modo crítico a "força do positivo", assim também deveria investigar criticamente seu próprio pessimismo. Será que meu pessimismo indica que eu vejo a mim mesmo de modo negativo? Por que será que eu me vejo assim? Há, simplesmente, tipos diversos de pessoas. Se você já trouxe de casa essa atitude mais pessimista, então não deveria simplesmente romper com ela. No entanto, você deveria certamente questionar se realmente tem de ver tudo de modo assim tão pessimista. Eu não diria: "Eu tenho de ver as coisas de modo positivo". Antes, eu me perguntaria: "Será que eu não posso também ver as coisas de outro modo?" Ou você pode se perguntar: "Se é verdade o que diz o salmo – 'O Senhor é meu pastor. Nada me faltará' –, então, como é que eu fico?" Você não se sente, então, obrigado a ver tudo de modo positivo. No entanto, você experimenta, de repente, um outro modo de ver. E isso poderia ajudá-lo a ver o mundo com outros olhos. Então, em vez de usar óculos coloridos, você passa a ver o mundo de modo realista. No entanto, você vê por trás de tudo um fundamento mais profundo. Você vê por trás das coisas o próprio Deus, que conduz este mundo em suas mãos. Isso não impede o negativo, porém lhe tira o poder último.

MEU dia é cheio de trabalho até as bordas. Apesar disso, eu ainda tenho, muitas vezes, a sensação de que me falta algo que dê um suporte ao dia a dia. Como é que eu poderia me exercitar para que esse dia a dia se modifique também a longo prazo?

Como é que teriam de se configurar os exercícios espirituais no dia a dia de uma mãe engajada profissionalmente?

Confie no seu sentimento de que lhe falta algo. E, então, escute-se a si mesma para descobrir o que é que lhe falta, o que é aquilo por que você anseia. O que é que poderia dar um suporte a seu dia a dia? Eu suponho que seja a consciência de ser conduzida por Deus e estar sob suas bênçãos em tudo o que você faz. A questão é como você pode, em seu dia a dia, fazer a experiência de que a proximidade benfazeja e amorosa de Deus a envolve e sua mão a acompanha, abençoando-a, aonde quer que você vá. Um bom meio de experimentar também a proximidade de Deus no dia a dia seria a realização de bons rituais. Talvez você pense que não tem tempo para rituais. No entanto, há duas formas de rituais. Uma forma é eu reservar conscientemente um tempo para a meditação, para a oração, para a leitura da Bíblia. Pode ser que você não tenha tempo para isso. A outra forma de ritual consiste em fazer de um modo bem determinado aquilo que eu faço, de qualquer maneira. Todas as manhãs você se levanta e faz seu asseio corporal e toma o desjejum. A questão é como você faz isso. Os rituais criam um tempo sagrado. Uma mãe de crianças pequenas toma os cinco minutos que ela passa sozinha no banheiro como um tempo sagrado. O tempo sagrado pertence a ela. Sagrado é aquilo que é subtraído ao mundo, aquilo sobre que o mundo não tem nenhum poder. Então você pode sentir-se aliviada. Você pode configurar esse tempo sagrado de tal modo, que por dois minutos você levante suas mãos para abençoar e abençoe sua família. Deixe que as bênçãos irradiem para seu marido, seus filhos, os espaços de sua residência e seu trabalho. Então você vivenciará o dia de outro modo. À noite, feche a porta de seu coração cruzando os braços sobre o peito. Imagine que haja em você um espaço sagrado ao qual ninguém tem acesso. Permita-se estar totalmente centrada. E imagine que Deus mesmo habita em você. Tais rituais sucintos transformam tudo o que você fizer. Você o fará com uma atitude diferente. Não importa que, enquanto isso, você se entregue totalmente ao trabalho. No entanto, você tem a cada dia um breve tempo sagrado que lhe pertence, no qual você entra em sintonia consigo e com Deus. Isso impede que você se perca a si mesma. E você sente que você, seus filhos e todas as pessoas que lhe são caras estão acompanhadas pelas bênçãos de Deus. E você pode

Em espaços sagrados, você também terá a sensação de ser *abençoada*.

sempre lembrar-se de que habita em espaços abençoados. Sua sala de estar não está mais preenchida pelo conflito de ontem e pelos equívocos, mas pelas bênçãos de Deus. Em espaços sagrados, você também terá a sensação de ser abençoada.

EU vejo e sinto, diariamente, que o mundo vai de mal a pior – da catástrofe climática até a fome no mundo e o desemprego no próprio país – e penso que a gente apenas pode mudar alguma coisa por meio de um engajamento ativo. Se nós quisermos preservar a criação e deixar para os nossos filhos um mundo onde se possa viver dignamente, então isso é possível. Aquilo que muitos veem como "caminho espiritual" é para mim uma fuga do mundo e da tarefa de ajudar outras pessoas em sua necessidade concreta. Eu sofro com essa passividade orlada espiritual e religiosamente.

Como é que podemos motivar pessoas espiritualmente interessadas a FAZER algo que tenha sentido?

Há, certamente, uma forma de espiritualidade que é uma fuga do mundo e da responsabilidade em relação ao mundo. Ela gira apenas em torno da própria experiência, do próprio bem-estar. Ela é, em última instância, narcisista e infrutífera para o mundo. Ela não tem nenhum efeito sobre o mundo. A espiritualidade cristã é sempre também uma responsabilidade em relação ao mundo. Os antigos monges retiravam-se, certamente, do mundo. No entanto, eles assumiam responsabilidade pelo mundo. Eles queriam, por meio de sua ca-

Quem sempre gira apenas em torno do próprio bem-estar, *em última instância*, muito raramente se sentirá bem.

minhada espiritual, tornar o mundo mais luminoso e mais saudável. Isso acontecia também. Pois as pessoas de todo o mundo de então vinham até eles em busca de ajuda, e conselho, e luz para sua vida.

Só nos cabe assumir nossa própria responsabilidade em relação ao mundo. Não devemos acusar aqueles que seguem seu caminho espiritual como uma fuga. Pois eles estão seguindo uma ânsia que está ancorada profundamente no coração humano: a ânsia pela experiência de Deus. No entanto, é nosso dever descrever corretamente a essência da espiritualidade e vivê-la autenticamente. O que nós dizemos e escrevemos a respeito da espiritualidade tem consequências. A espiritualidade cristã tem a ver sempre com os dois polos: oração e trabalho, mística e política, luta e contemplação. Se nós ligarmos a ânsia das pessoas por experiência religiosa à sua responsabilidade em relação a este mundo, então, em vez de condená-las, nós as conduziremos à verdadeira vida. Pois girar em torno de si mesmo, em última instância, não traz felicidade. Conduz, também em termos espirituais, a um beco sem saída. Pois quem sempre gira apenas em torno do próprio bem-estar, em última instância, muito raramente se sentirá bem. Se, no entanto, seu amor penetrar nas relações e neste mundo, se ele configurar ativamente este mundo, então ele terá sempre a grata sensação de que vale a pena engajar-se pelas pessoas e pelo mundo.

EM nossa comunidade, eu não me sinto mais em casa. Eu vejo que a Igreja é administrada e, no entanto, decai sempre mais. Em minha comunidade rural está engajado agora um padre indiano que celebra a missa e então volta para seu convento. A gente não pode falar com ele, pois ele nem sequer fala e compreende corretamente nossa língua.

O que é que eu posso fazer para me sentir novamente em casa na Igreja?

Infelizmente, muitos cristãos fazem hoje a experiência dolorosa de não se sentir em casa na Igreja. Eles devem verbalizar essa experiência na Igreja escrevendo à Diocese e ao bispo. A Igreja deve pelo menos saber o que ela proporciona a muitos fiéis deixando de fazer o bastante pelas comunidades. No entanto, em vez de ficar só esperando pelas ações de cima, eles devem reagir por si mesmos à situação. Há dois modos de responder a essa situação. O primeiro modo seria você buscar uma outra comunidade, na qual vá à missa, na qual se sinta tocado e pela qual se engaje. Pode ser uma comunidade vizinha ou um convento no qual você se sinta em casa em termos espirituais. Se ali se sentir em casa, você pode também participar da celebração de uma missa que, para fora, não seja assim tão

Se você descobrir em si o espaço no qual Deus, o mistério, habita em você, então você pode também sentir-se *em casa em si mesmo.*

atrativa. O outro modo seria você buscar em sua comunidade pessoas animadas dos mesmos sentimentos e construir junto com elas algo vivo, fundar um grupo de meditação, um círculo bíblico ou um grupo de vida. Juntos vocês podem então refletir sobre como configurar também a missa de modo que ela se torne a missa da comunidade. Se nenhum desses dois caminhos for viável para você, então seria importante seguir um caminho espiritual interior. Esse ninguém lhe pode tomar. Se você descobrir em si o espaço no qual Deus, o mistério, habita em você, então você pode também sentir-se em casa em si mesmo. E se você se sentir em casa em si mesmo e em Deus, então é possível às vezes se sentir também em casa em uma comunidade que, por si mesma, não seja assim tão viva.

APÓS algumas decepções como mulher, eu encontrei uma parceira de vida com a qual estou feliz. Nós duas somos socializadas em um contexto cristão, porém não temos nenhuma possibilidade de viver nossa fé no contexto da comunidade católica. Nós nos deparamos com hostilidade e desconfiança.

O que é que nós devemos fazer em meio a tal rejeição?

Seja grata pela felicidade que você está vivenciando com sua parceira de vida. Apoiem-se mutuamente em sua caminhada espiritual. Leiam juntas a Bíblia, meditem juntas e sigam os caminhos espirituais que lhes são adequados. Busquem comunidades católicas que não as rejeitem. Em alguma cidade vocês certamente encontrarão tais comunidades. Senão, aproximem-se então de um convento no qual não se sintam rejeitadas. Tentem sentir-se em casa ali. Vocês sabem que podem sempre inserir-se ali para vivenciar a fé também em uma comunidade maior, que lhes dê suporte. Vocês podem apoiar-se mutuamente. Mas também é benfazejo sentirem-se acolhidas por uma comunidade. Não encarem a rejeição que vivenciarem em alguns círculos eclesiásticos como algo pessoal. Sua vida em comum deixa muitas pessoas inseguras e lhes lembra sua própria

Confiem no próprio sentimento e na própria consciência e vivam sua parceria na *confiança* em Deus.

relação cindida com a sexualidade. Em vez de julgar as outras pessoas, vocês devem se dar conta de que muitas delas se incomodam com seu projeto de vida. Confiem no próprio sentimento e na própria consciência e vivam sua parceria na confiança em Deus.

EU leio em muitos livros e ultimamente ouço também de cristãos convictos que é importante construir uma relação bem pessoal com Jesus. No entanto, eu simplesmente não consigo isso. Para mim, Ele está longe demais daquilo que no dia a dia me inquieta e atormenta. O que é que eu precisaria fazer?

Como é que, na prática, nós entramos em relação com Deus?

Construir uma relação pessoal com Jesus Cristo é certamente o objetivo da caminhada de um cristão. No entanto, não leva a lugar nenhum dizer a alguém que não sente essa relação que ele deva construí-la. Há muitos caminhos para se chegar à fé. Um caminho é o seguinte: Olhe para o seu dia a dia. Será que isso que você vivencia, isso em que você trabalha, o que você têm em matéria de relacionamento é aquilo que preenche do modo mais profundo a sua ânsia? Ou não haverá aí ainda uma outra ânsia, a ânsia por uma experiência de Deus, a ânsia por uma experiência de um amor que não se esgota, posto que é divino? Se você sentir em si essa ânsia, leia então os Evangelhos. Como é que você se sente quando lê as palavras de Jesus ou quando medita nas histórias que falam da salvação? Isso não lhe diz nada? Ou você é tocado por esse Jesus quando ele vai ao

Não se sinta pressionado. Nem sempre conseguimos sentir essa *relação*. Seja grato se uma palavra de Jesus o tocar.

encontro das pessoas, quando as toca e as consola, sem condenar ninguém? Se não compreender os Evangelhos, busque alguma ajuda, um curso ou livros que interpretem os Evangelhos de modo compreensível.

Um outro caminho para se estar aberto a Deus em meio ao dia a dia são os rituais. Comece o dia com um momento de silêncio, no qual você se põe sob as bênçãos de Deus. Você pode fazer um gesto de bênção e deixar que as bênçãos de Deus irradiem para os espaços de sua residência e de seu trabalho e para as pessoas que lhe são caras. E encerre a noite com um gesto estendendo para Deus suas mãos em forma de uma concha e entregando-lhe o dia. Se pela manhã e à noite você estiver por um breve momento ligado a Deus, se seu dia começar assim, então pouco a pouco vai se desenvolvendo uma relação com Deus ou com Jesus Cristo. Mas não se sinta pressionado. Nem sempre conseguimos sentir essa relação. Seja grato se uma palavra de Jesus o tocar. Contemple uma imagem de Cristo. Talvez então você sinta que o olhar de Jesus o toca. E peça a Jesus que você possa sentir sua proximidade e que possa viver dessa proximidade.

EU entro sempre em conflito com meu marido, que se diz cristão, porém vê em Jesus apenas um grande homem, que hoje estaria em franca oposição à Igreja oficial. Quando conversamos a esse respeito, há sempre brigas. E, mesmo quando evitamos o tema, ele está presente entre nós. Nessas questões, para mim tão importantes, não conseguimos chegar a um ponto comum. Isso me deixa triste, e eu sinto como isso nos afasta um do outro. Ele rejeita isso que para mim é importante. Como é que eu devo me comportar?

Em meu lugar, o que Jesus faria?

Faz pouco sentido brigar por declarações dogmáticas. Pois nós ligamos a toda declaração algo pessoal. A questão é, portanto, por que seu marido precisa ver em Jesus apenas um grande homem. Será que ele gostaria de rebaixá-lo a seu próprio nível? Será que ele não consegue suportar que o próprio Deus se expresse em um ser humano? Naturalmente, não basta pressioná-lo a crer que Jesus é filho de Deus. Pois o que é que nós entendemos com isso: Jesus é filho de Deus? Naturalmente, a Igreja oficial não corresponde plenamente à mensagem de Jesus. Já no tempo de Jesus era assim. Ele tinha também em seu grupo de discípulos homens que não o entendiam plenamente.

É sempre uma luta da Igreja estar à altura das exigências de Jesus. A Igreja constitui-se de seres humanos. E também na Igreja se age humanamente. No entanto, eu não negaria que ela lute por seguir Jesus, corresponder à sua mensagem e estar à altura do mistério de sua pessoa. Eu sou sempre cético quando alguém diz: "Jesus não é senão um ser humano". Contemplando Jesus, nós, em todo caso, jamais chegamos ao fim. Ele não se deixa controlar assim tão facilmente. Seu marido não está obrigado a crer que Jesus é filho de Deus. No entanto, seria importante que ele se expusesse às suas exigências, em vez de tê-lo sob seu controle. Portanto, eu não brigaria nem pela declaração dogmática nem pelos inúmeros erros que a Igreja comete, mas pelo modo como nós pretendemos viver nossa fé e por aquilo sobre que nós fundamentamos nossa esperança. O que é que me dá suporte? O que é que esse Jesus significa para mim pessoalmente? Como é que eu entendo as suas palavras? Se seu marido vê Jesus como um homem importante, então faria sentido também vocês lerem juntos o Evangelho e se confrontarem com Jesus. Aí vocês não precisam ter o mesmo modo de ver. Escutem o modo como cada um dos dois vê Jesus. Então se tornará claro a vocês dois algo de sua riqueza e de seu mistério. Vocês vivenciarão Jesus como o mestre da sabedoria, que une em si a sabedoria do Oriente e do Ocidente. No entanto, vocês pressentirão também nesse Jesus e em suas palavras algo que não pode ser explicado de modo puramente psicológico. E isso que não pode ser explicado vocês interpretarão no sentido de que nesse Jesus Deus mesmo se comunica, Deus mesmo veio a nós para nos preencher com a vida divina. Com efeito, a boa nova do cristianismo consiste justamente em que Deus se pôs a caminho para descer até nós. Isso é uma mensagem geradora de felicidade. No entanto, em meio a todas as declarações dogmáticas, nós temos sempre de confessar que Deus está para além de todos os nossos conceitos e que nós, em última instância, não somos capazes de compreender realmente o que significa a filiação divina de Jesus. As declarações dogmáticas têm a função de deixar subsistir o mistério. E, para mim, a essência de todas as declarações religiosas é que nós nos abramos para o mistério, que é maior do que nossa compreensão.

Para mim, a essência de todas as declarações religiosas é que nós nos abramos para o *mistério*, que é maior do que nossa compreensão.

MEU falecido marido e eu tivemos sempre uma boa relação com nosso neto. Diferentemente de seus pais, eu tento falar com ele também sobre Deus. Recentemente, ele me disse: "Eu não preciso do bom Deus, pois tenho o vovô no céu". A resposta me alegrou, mas também me deixou um tanto insegura. Com efeito, essa não é a imagem de Deus que eu queria lhe transmitir.

Qual é o modo correto de falar sobre Deus com as crianças?

As crianças têm geralmente suas próprias concepções de Deus, do céu e da vida após a morte. Eu aproveitaria tal declaração como oportunidade para falar com ele a esse respeito. Eu começaria confirmando a declaração: "Sim, você tem seu avô no céu. Lá do céu ele o acompanha. Ele está com você. Ele pode lhe ajudar, posto que está junto a Deus. Ele pede a Deus por você, para que sua vida dê certo. Certamente, seu avô não gostaria que você o tomasse por Deus. Ele está junto a Deus, e intercede junto a Deus por você, e cuida de você. No entanto, seu avô está feliz junto a Deus. Ele gostaria também que você se abrisse a Deus. Deus concedeu a seu avô a vida no céu". Fale com seu neto de um modo bem pessoal. E ouça sempre também o que ele pensa e imagina a respeito disso tudo. Em vez de dissuadi-lo disso, corrija-o em um sentido que para você seja verdadeiro e que seu neto possa aceitar. Caso se sinta sobrecarregada na conversa com seu neto, veja se encontra na livraria um bom livro que diga como nós podemos falar sobre Deus com crianças. Livros podem dar-lhe sugestões. No entanto, você precisa, em última instância, confiar em seu coração quando estiver conversando com seu neto. Tente compreendê-lo. Mas tente também transmitir-lhe sua fé em uma linguagem que ele compreenda.

Confie em seu *coração* quando estiver conversando com seu neto.

QUANDO minha mãe estava falecendo – alguns anos após meu pai –, ela me perguntou no leito de morte se nós nos veríamos todos novamente no céu. Eu confirmei isso, embora soubesse, naturalmente, que é difícil encontrar uma declaração certa a esse respeito. Como é que a gente pode falar sobre essas coisas?

Como é que podemos imaginar o Além?

Você deu a resposta certa para sua mãe. Vocês se verão novamente. Mas, naturalmente, nós devemos nos perguntar como devemos imaginar isso. Não será, certamente, um encontro de colegas de classe, no qual as pessoas se encontram após longos anos e conversam umas com as outras. Também não será uma dissolução comum de gotas no mar. Como cristãos, nós cremos na ressurreição. Nós iremos de corpo e alma ao encontro de Deus. Corpo e alma significam aqui: nós como pessoas, com essa história concreta, nós como essas pessoas únicas e inconfundíveis, iremos ao encontro de Deus. E, como tais, estaremos em comunhão uns com os outros junto a Deus. Nós nos veremos uns aos outros. Não deixaremos de estar no amor, quer no amor de Deus, quer no amor às pessoas que amamos aqui. Gabriel Marcel, um filósofo francês, disse certa vez: "Amar significa dizer para o outro: Tu não morrerás". As experiências por que muitas pessoas passam de estar quase mortas falam frequentemente de ser acolhidas pelos seus parentes falecidos. Isso, naturalmente, não é ainda nenhuma prova de que nós nos veremos. No entanto, nós podemos tomar isso como um fortalecimento de nossa fé. Lendo as cartas que homens que lutaram na resistência ao Terceiro Reich escreveram às suas esposas antes da execução, você se deparará sempre com uma firme esperança: "Nós nos veremos novamente". Eles confiavam que os carrascos, embora podendo lhes tirar a vida, não tinham poder sobre o seu amor. Portanto, confie que vocês se verão novamente. Mas renuncie ao mesmo tempo a imaginar isso em termos concretos. Vocês se verão novamente, porém, o modo como isso se dará escapa, em última instância, à nossa capacidade imaginativa. Continua sendo um mistério.

Nós não deixaremos de estar no *amor*, quer no amor de Deus, quer no amor pelas pessoas que amamos aqui.

DIZEM os teólogos que Deus está em toda parte, também em nós. Eu tenho minhas dificuldades em relação a isso.

Se Deus está também em mim, por que é que não posso senti-lo?

Nós não podemos forçar a experiência de Deus. Ela é sempre um presente. Deus se mostra a nós. No entanto, há auxílios para que nós estejamos abertos à experiência de Deus. O primeiro passo é o seguinte: Pergunte-se se você se sente a si mesmo. Se eu não me sentir a mim mesmo, também não sentirei Deus. Se você se sentir a si mesmo, isso não é ainda nenhuma experiência de Deus. Abre-o, no entanto, para ela. Imagine que está perante Deus, envolvido pelo amor de Deus. Talvez você se sinta então amparado. Isso é então um tipo de experiência de Deus. Imagine então: Eu estou caminhando para dentro de mim mesmo, eu sinto meus pensamentos e sentimentos. Porém, eu não paro aí. Eu penetro sempre mais profundamente em mim mesmo, através de todos os pensamentos e sentimentos, através do consciente e do inconsciente, até chegar ao fundo de minha alma. Com que é que eu me deparo ao penetrar profundamente em mim mesmo? Será que eu me deparo apenas com minhas próprias emoções? Ou não haverá em mim um mistério que me ultrapassa? Não haverá no fundo de minha alma algo que escapa ao meu acesso? Então eu posso ter o pressentimento de que Deus habita em mim no fundo de minha alma. No entanto, esse Deus que habita em mim é indisponível. Ele não me pertence. Ele é o mistério que escapa ao meu acesso, que também sempre se oculta em mim. No entanto, talvez surja então em você o pressentimento de que você mesmo é um mistério. Caso se escute profundamente a si mesmo, você não mais será capaz de descrever nem o seu próprio Eu. Você não consegue mais responder à pergunta sobre quem é você. Você desemboca no mistério. Tampouco pode você responder claramente à pergunta por Deus. No entanto, você pressente o mistério de Deus no fundo de sua alma. Então você fica em silêncio. Você se rende a esse silêncio e pressente que é no próprio Deus que você silencia.

Fique em *silêncio*. Renda-se a esse silêncio e pressinta que é no próprio Deus que você silencia.

Um outro caminho para sentir Deus seria por meio da natureza. Contemple a beleza da criação. O que é que você vê aí? Serão apenas as flores e as florestas e os campos? Ou será que em meio a toda beleza você não vê algo da beleza de Deus que o envolve? E o que é que você sente quando o sol o ilumina? Serão apenas os raios do sol, ou não será o amor de Deus que o toca por meio do sol? Talvez também a música seja um caminho para você sentir Deus. Ouça uma cantata de Bach ou uma missa de Mozart. Talvez a música o abra ao mistério de Deus, que se torna audível nessa música maravilhosa e abre o nosso coração para o mistério inaudível e inexprimível.

SUBITAMENTE, eu me dou conta de que a religião, em meio a tudo que preenche minha vida, se tornou nos últimos anos sempre menos importante e eu quase esqueci o que ela antes significava para mim. No entanto, eu também tenho sempre a sensação recorrente de que me falta algo.

Como é que eu posso redescobrir aquilo que mais profundamente constitui a religião?

Se a religião desapareceu da sua vida, então isso tem certamente um sentido. Talvez você tivesse uma compreensão demasiadamente simplória ou demasiadamente superficial da religião. Isso você perdeu. Essa perda gostaria de lhe dizer que você deve perguntar novamente o que a religião significa para você. Com efeito, você sente a ânsia por religião. Nessa ânsia por religião já se encontra algo de religião. Pergunte-se, portanto: O que é aquilo por que eu anseio realmente? E então renda-se a essa ânsia. Ela o conduzirá a Deus.

Um outro caminho seria ver novamente com mais rigor o que a religião significava para você na infância. O que é que você vivenciava quando ia à Igreja com seus pais, quando seus pais rezavam com você? Que noções de Deus você tinha quando criança? Será que a religião significava alguma coisa para você? O que será que ela significava para seus pais? Pergunte-se pelas experiências que você e sua família tiveram com a religião. Talvez então você entre novamente em contato com as raízes de sua fé.

Pergunte-se: O que é aquilo por que eu anseio realmente? E então renda-se a essa *ânsia*.

Um outro caminho: Leia a Bíblia ou alguns livros religiosos. Leia bem devagar e se pergunte: Será que eu entendo isso? Ou será que essa palavra me toca? E o que será que ela desperta em mim? Confie então em seu sentimento. Ou vá à missa. Você pode tranquilamente fazê-lo na condição de espectador que observa de fora o que está acontecendo. E então pergunte-se o que é que o toca.

Um outro caminho, ainda: Imagine que as palavras da Bíblia, bem como essa missa e esses rituais tenham sentido. E então faça suas experiências. Se é que o Salmo 23 está certo quando diz "O Senhor é meu pastor, nada me faltará", então, como é que eu fico? Minha vida modifica-se, então? Eu encaro, então, a jornada de um outro modo?

Continue buscando, e confie em sua ânsia. Em sua ânsia já se encontra religião. Você encontrará Deus e encontrará um caminho pelo qual o mistério da religião, o mistério de Deus e o mistério de sua própria vida se manifestarão a você.

MINHA amiga esteve recentemente em um congresso sobre anjos. Os palestrantes falaram de contatos diretos e encontros benfazejos com anjos, que lhes dão conselhos bem concretos para sua vida.

Será que os anjos intervêm realmente em nossa vida?

Sua amiga parece ter estado em um congresso esotérico sobre anjos. No esoterismo, as pessoas creem que poderíamos dispor dos anjos. Como cristãos, nós cremos também nos anjos, que nos acompanham e nos protegem. No entanto, os anjos são mensageiros de Deus. Deus os envia até nós. Por isso, nós podemos pedir aos anjos que nos acompanhem. No entanto, nós não temos nenhum poder sobre os anjos. Nós não podemos evocá-los a nosso bel-prazer para exigirmos sua ajuda. Às vezes, a sóbria dogmática da tradição teológica nos ajuda, ao dizer que os anjos são seres espirituais e poderes pessoais criados. Enquanto seres criados, eles podem ser experienciados. Eles podem manifestar-se em um impulso interior, em uma outra pessoa, que, na hora certa, se torna um anjo para nós, mas também em uma experiência de luz ou em uma aparição. Eles são poderes pessoais, porém não são pessoas que nós possamos ter concretamente sob nosso controle. Eles protegem o nosso ser para que nós não nos desintegremos. Jesus diz na Bíblia que os anjos nos acompanham e que, ao mesmo tempo, eles contemplam a face de Deus (Mt 18,10). A partir desta palavra de Jesus, os Padres da Igreja desenvolveram a doutrina do anjo da guarda. Todo ser humano – dizem eles – recebe, ao nascer, um anjo para estar ao seu lado, um anjo que o acompanha, mesmo através de todos os desvios e descaminhos, e que o conduz na hora de seu falecimento, através do limiar da morte, às mãos bondosas de Deus. Os anjos nos mostram a proximidade benfazeja de Deus. E nos põem em contato com o potencial que se encontra em nossa alma. Mas, como já foi dito, nós não podemos dispor dos anjos. Eles são uma realidade sobre a qual nós apenas podemos falar por meio de imagens. Não por acaso, os artistas representaram os anjos com asas. Os anjos nos dão asas. Eles dão leveza à nossa alma. No entanto, a imagem das asas pretende também nos dizer o seguinte: Se nós quisermos saber com extrema exatidão o que são os anjos, como eles são e o que eles nos dizem bem concreta e exatamente, então eles voam para longe de nós. Sobre os anjos podemos falar apenas de um modo vago. Anjos são fiéis acompanhantes em nossa caminhada. No entanto, ao mesmo tempo, eles não estão ao nosso dispor.

Sobre os *anjos* podemos falar apenas de modo vago. Anjos são fiéis acompanhantes em nossa caminhada. No entanto, ao mesmo tempo, eles não estão ao nosso dispor.

FORAM incutidas em mim, sobretudo, imagens de Jesus como alguém severo: Um Jesus que expulsa os vendilhões do templo. Que exige que nos separemos de nossos pais. Que veio trazer a espada. O torturado na cruz.

Será que podemos também imaginar Jesus como uma pessoa alegre, sorridente?

Que Ele era um homem de coração alegre e aberto, isso nós vemos bem claramente a partir das narrativas dos Evangelhos. Jesus percebia a beleza da criação e era capaz de contar parábolas maravilhosas. Manifestamente, Ele era capaz de prender as pessoas com suas narrativas. Ele as curava e consolava. Ele lhes ensinava que elas são acolhidas incondicionalmente. Ele manifestava a misericórdia divina com aqueles que se sentiam culpados e entrava em comunhão com eles, comia e bebia com eles. Por ocasião dessas refeições, certamente, nem tudo decorria na seriedade. Ali havia descontração e alegria. E Jesus – diz-nos o Evangelho de João – nos amou até o fim. Tratava-se de um autêntico e profundo amor de amizade. Ele mesmo nos diz: "Não há maior amor do que doar a vida pelos seus amigos" (Jo 15,13).

> **"Eu lhes disse essas coisas, para que minha *alegria* esteja em vocês e para que sua alegria seja completa" (Jo 15,11).**

Certamente, toda imagem de Jesus é sempre condicionada também pelo seu tempo. Você apreendeu imagens severas de Jesus porque no tempo da sua infância a piedade era frequentemente marcada por uma atitude de negação da vida e ascetismo. Muitas vezes, ela era também marcada pela concepção de que o ser humano é mau. Jesus ensinava às pessoas que vinham a seu encontro algo decisivo: que Deus as ama, que elas trazem em si um quê de divino, uma dignidade inviolável. Certamente, Jesus disse também palavras severas. No entanto, ele não queria, por meio delas, nos fazer medo, mas nos abrir os olhos para que nós não nos deixemos simplesmente encantar pelas ilusões que nós construímos a respeito de nossa vida. Com suas palavras, Jesus quer sempre despertar a vida em nós. Ele diz a respeito de si mesmo: "Eu vim para que eles tenham a vida e a tenham em plenitude" (Jo 10,10). Certamente, a essa vida em plenitude pertencem também a descontração e a liberdade, o humor e o riso. No entanto, o modo como cada um vivencia essa vida em plenitude depende também de sua estrutura interior. E, aliás, nós deveríamos também evitar dizer: Nós todos temos de ser alegres. Pois, com isso, nós iríamos incutir remorso nas pessoas de tendência depressiva. Com as suas palavras, Jesus transmitia alegria, não porque Ele nos convocasse a nos alegrarmos, mas porque suas palavras nos punham em sintonia com a alegria que se encontra no fundo de nossa alma e que, entretanto, está muitas vezes misturada com medos e tristeza. Jesus diz a respeito de si mesmo: "Eu lhes disse essas coisas para que minha alegria esteja em vocês e para que sua alegria seja completa" (Jo 15,11).

DO modo como a Igreja se comporta hoje, ela está, sem dúvida nenhuma, atrofiando e a caminho de perder qualquer importância – para a sociedade e para a vida da maior parte das pessoas.

Será que a Igreja tem mesmo algum futuro?

Eu creio firmemente que a Igreja tem futuro. Naturalmente, nós precisamos nos despedir da concepção da Igreja popular, que alcança todas as pessoas e também imprime um cunho à sociedade em todos os segmentos. Mas, se a Igreja crer realmente em sua missão e lhe for fiel também por meio de seu agir, então ela tem futuro. A Igreja tem uma tarefa bem decisiva: manter aberta em nosso mundo a questão de Deus. Hoje, nossa sociedade corre o risco de se deixar determinar totalmente pela dimensão econômica. Tudo é avaliado segundo pontos de vista econômicos. Isso priva o ser humano de seu verdadeiro valor. A Igreja tem a tarefa de se engajar em favor das pessoas. Abrindo o céu para o ser humano, ela cria para ele um espaço de liberdade, de modo que ele não se deixe determinar por interesses puramente econômicos. Pondo Deus no centro, ela possibilita ao ser humano encontrar seu próprio centro. A Igreja precisa retornar à sua sabedoria espiritual e oferecer às pessoas um lugar no qual elas possam pôr em prática sua busca espiritual. Apenas reconquistando sua competência espiritual é que ela tem futuro.

A Igreja do *futuro* é a defensora da liberdade e dignidade do ser humano e, ao mesmo tempo, o lugar em que ele se sente *em casa* em meio a este mundo.

Uma outra tarefa da Igreja é assumir a função profética em nossa sociedade. Ela não deve se pôr neste mundo como quem sabe tudo. No entanto, ela tem a tarefa de, a exemplo dos profetas no Antigo Testamento, chamar atenção para as tendências em nossa sociedade que causam danos ao ser humano e lutar contra a injustiça e a mentira. Essa missão profética nem sempre é agradável. No entanto, é necessário um admoestador, alguém que não se ajuste a todas as tendências da moda e que enxergue e denuncie sobretudo as tendências em nossa sociedade que são contrárias à vida.

A Igreja, enquanto instituição, certamente se tornará menor. No entanto, isso não tem de ser uma desvantagem. É até mesmo uma chance. Assim ela pode tornar-se autêntica e anunciar de um novo modo sua mensagem do Reino de Deus neste mundo. Ali onde Deus reina, o homem se torna livre. Ali onde reinam ídolos como o dinheiro ou o poder ou o sucesso, o ser humano se torna escravo. A Igreja do futuro é a defensora da liberdade e dignidade do ser humano e, ao mesmo tempo, o lugar em que ele se sente em casa em meio a este mundo. Pois nós só podemos estar em casa onde habita o mistério. Onde a Igreja for um espaço para esse mistério de Deus, aí o ser humano desamparado de nosso tempo encontra uma pátria e um lar.

CAPÍTULO 7

Doença e saúde

Duas questões ocupam sempre as pessoas: Como é que eu convivo com minha própria doença quando sou tocado por ela? E como é que eu convivo com os doentes? Nos doentes, nós nos encontramos com o nosso próprio medo de ficarmos igualmente doentes e velhos e talvez igualmente desamparados ou dementes. No entanto, faz pouco sentido interpretar a doença, por exemplo, a partir do passado. Pois assim logo aflora em nós um modelo de interpretação: "O que será que eu fiz de errado para ter adoecido?" Ou então: "Por que será que Deus me castiga com a doença?" Tais modelos de interpretação não ajudam em nada. Eles produzem em nós apenas sentimentos de culpa. E sentimentos de culpa nos torturam. Em vez de nos ajudar a nos curarmos, eles nos deixam ainda mais doentes. Nesse sentido, em vez de perguntarmos pela causa da doença, é melhor aceitarmos seu desafio e nos perguntarmos que sentido nós descobrimos nela ou que sentido nós podemos lhe dar.

Assim, quando eu olhar para a doença, há duas opções: Ou eu deixo que a doença destrua minhas concepções a respeito de mim mesmo, de minha vida e de Deus, ou me mantenho firme em minhas concepções. Então há o perigo de que eu mesmo me arruíne. A doença destrói, por exemplo, minha concepção segundo a qual eu poderia, por meio de uma alimentação saudável e de um modo saudável de viver, garantir a minha saúde. Ela destrói minha concepção a respeito de mim mesmo, segundo a qual eu sou sempre forte, bem-sucedido, saudável e produtivo. E ela destrói minha concepção a respeito da vida: a concepção segundo a qual eu posso tudo o que eu quiser. Ela faz fracassar minha fantasia segundo a qual eu sempre posso saborear intensamente a vida. E também é destruída a minha concepção a respeito de Deus: do Deus que me livra de toda desgraça e me protege também da doença e da morte.

Se eu deixar que essas concepções sejam destruídas, então pode acontecer algo de novo comigo. Eu me abro para meu verdadeiro Eu. Descubro então quem eu realmente sou. Entro em sintonia com meu Eu originário e autêntico. Eu me dou conta de mim mesmo. E me abro para as pessoas ao meu redor. Percebê-las-ei diversamente, compreendê-las-ei melhor em sua própria doença. E me abro para o Deus totalmente diferente. Deus é amor. Mas esse amor costuma ser bem diferente do que eu imagino. Ele é, em última instância, incompreensível.

Mas, se eu me fixar em minha concepção a respeito de mim mesmo, de minha vida e de Deus, então eu me arruinarei. Eu me fixo na minha autoimagem, segundo a qual eu sou sempre forte e bem-sucedido. Mas, ao destruir a autoimagem à qual eu me agarro, a doença me arruína a mim mesmo. Eu me sinto então sem valor. Não gostaria mais de viver. Não me compreendo mais. Não posso mais me aceitar a mim mesmo. E a doença me arruína a mim mesmo, pois que tudo aquilo que eu associo ao viver não é mais possível. A vida torna-se então sem valor para mim quando eu não posso mais subir as montanhas nem saborear a boa comida e o bom vinho. E não quero mais saber nada a respeito de Deus, que não me livrou da doença. Mas, se Deus foi para mim, ao longo dos anos, o suporte e o fundamento de minha vida, então eu me arruíno a mim mesmo ao me afastar desse Deus e me fechar a ele. Eu me fecho, então, em última instância, à minha própria ânsia e ao saber profundo a respeito de meu Eu, a saber, que eu estou em Deus.

Outras questões que sempre emergem nesse contexto referem-se ao convívio com doentes. Neles nós vivenciamos frequentemente lados que nunca conhecemos, por exemplo, seu desejo de não mais viver, de pôr um fim à própria vida. Ou nós nos encontramos com sua fraqueza. Eles, que nós sempre olhamos respeitosamente, que nós talvez admirávamos, tornam-se, de repente, fracos e desamparados. Isso nos deixa inseguros. No entanto, às vezes é justamente o convívio com o pai doente e com a mãe fragilizada que pode transformar e aprofundar nossa relação com eles. De repente nós os compreendemos. Nós nos reconciliamos com o pai, que está dependendo de nossa ajuda, que abriu mão do seu modo ruidoso de falar e do seu modo exigente de ser e agora nos aborda de um novo modo. Nós nos reconciliamos com a mãe, que passamos a conhecer de um novo modo em sua doença. O convívio com os doentes é sempre também uma chance para nós no sentido de os encararmos de um novo modo e talvez nos reconciliarmos com eles no caso de haver velhas mágoas. Nós deveríamos aproveitar essa chance, mesmo com todas as dificuldades que vivenciarmos, por exemplo, cuidando ou acompanhando os pais na velhice. No entanto, é importante que nós sempre tomemos em consideração também nossos próprios limites. Somente quem convive bem com seus próprios limites também pode, a longo prazo, conviver bem com pessoas doentes e carentes de ajuda.

AO longo de toda sua vida, meu pai nunca esteve doente. Ultimamente, ele está envelhecido, fragilizado e também está acamado. Ele não consegue de maneira alguma suportar esse fato. Recentemente, ele me surpreendeu ao dizer que vai se matar. Não quer mais viver e quer que eu o ajude. Ele chegou mesmo a propor envolver a cabeça com um saco plástico, a ser segurado por mim. Embora tenha tentado dissuadi-lo disso e encarar sua proposta como uma piada, eu também estou, naturalmente, profundamente chocado.

Eu estou inseguro quanto ao modo como devo me comportar no futuro.

Sua primeira reação – tomar a proposta de seu pai como piada – certamente foi boa. Gerou descontração. Nessa situação, uma conversa mais profunda certamente quase não teria sentido. Mas, uma vez que você está inseguro, seria bom, então, retornar ainda ao tema em uma ocasião conveniente. No entanto, eu não discutiria a esse respeito, mas lhe perguntaria que concepção ele tem de sua própria vida e o que é que ele deseja, do que ele está precisando para poder viver bem. Se ele achar que uma vida passada em uma cama não é digna de ser vivida, então você pode falar sobre o que faz um ser humano

Também a *doença* faz parte da nossa vida. E apenas a aceitando é que nós amadurecemos – talvez até mesmo no sentido de nos tornarmos pessoas sábias.

ser valioso. É apenas o desempenho e a saúde, ou não será sua pessoa? E a pessoa permanece, mesmo quando alguém está doente e acamado. Certamente você deveria entender que não é fácil para ele abrir mão de sua força e de sua saúde. É doloroso despedir-se daquilo que até agora fez parte da sua concepção de vida. Mas também a doença faz parte de nossa vida. E apenas a aceitando é que nós amadurecemos – talvez até mesmo no sentido de nos tornarmos pessoas sábias. E então você pode também dizer quais são seus desejos para ele. Você pode dizer-lhe que está orgulhoso de um pai que também é capaz de ser frágil, que também passa pela doença e irradia algo que faz bem a todos. E você pode dizer a seu pai que deseja que ele possa ainda por muito tempo ser uma bênção para toda a família, não por meio do que ele realiza, mas por meio do que ele é.

HÁ dois meses, eu fui confrontada com o diagnóstico de câncer. Todos me infundem a esperança de que eu possa ser operada. Também minha família me fortalece muito. Minha filha é especialmente valente. Apesar disso, eu tenho ataques de pânico, sobretudo à noite. Eu tenho medo, sobretudo, de ter de deixar minha filha sozinha.

Esse medo quase me mata.

Seus ataques de pânico mostram que você ama sua filha e gostaria de ser ainda por muito tempo uma boa mãe para ela. Fale com o seu medo e ofereça o medo a Deus. Não tenha remorso pelo fato de ter medo. O medo pode existir. Ele tem um sentido. Ele pretende convidá-la a refletir sobre suas preocupações. Você não pode assumir para sempre o cuidado com sua filha. Confie que Deus mantém sua boa mão estendida sobre sua filha. E reze então pedindo que Deus cure o seu câncer por meio de todos os auxílios que os médicos oferecem, de modo que você possa ainda por muito tempo ser uma boa mãe. Mas considere também que nós não somos senhores da duração de nossa vida. Nós estamos todos na mão de Deus, em qualquer situação. Nós devemos cuidar de nossos filhos e, ao mesmo tempo, deixar de lado o cuidado e confiar que Deus dê aos nossos

O medo convida-a a *viver conscientemente* cada momento que Deus lhe concede.

filhos suficiente força para que eles também encontrem seu caminho. Não lute contra seu medo. Assim ele só se fortalece. Confraternize-se com seu medo. O medo pretende lembrar-lhe sempre que deve confiar à proteção de Deus toda a sua família e o seu próprio ser. E o medo convida-a a viver conscientemente cada momento que Deus lhe concede. Deixe que o medo a estimule a se dedicar afetuosamente à sua filha e perceber de um novo modo o mistério que sua filha representa, dizer-lhe palavras de amor e de atenção que já não mais dizia havia muito tempo. Então você não precisa livrar-se de seu medo. Ele é transformado em um convite a viver intensa e atentamente.

HÁ alguns anos eu venho sofrendo de esclerose múltipla. Houve alguns momentos de esperança, mas ultimamente eu estou dependendo da cadeira de rodas, e mês a mês a situação piora. Nos últimos anos, eu lutei por uma cura e por respostas para a questão do sentido. Foi uma época muito cansativa, mas uma época na qual, ao lado do desespero, havia também a esperança. E agora? Fisicamente, eu estou pior, e o objetivo planejado – encontrar uma resposta para o porquê – desapareceu, de repente.

O que significa isso TUDO*?*

Você nunca encontrará a resposta para o porquê. Nós não sabemos por que nos ocorre uma certa doença. Nós apenas podemos tentar dar uma resposta para a doença e – como diz Viktor E. Frankl, o terapeuta judeu que esteve ele mesmo no campo de concentração – encontrar um sentido para ela. A doença não tem em si um sentido. Mas nós podemos dar-lhe um sentido. Jesus nos oferece uma chave para o modo como nós podemos dar à doença um sentido. Ele acompanha os dois discípulos, que estão tão decepcionados com sua morte na cruz, que fogem de Jerusalém e se dirigem para Emaús. Eles não entendem nada do que aconteceu. Eles não podem imaginar por que Deus permitiu que isso acontecesse com Jesus, o maravilhoso Rabi. Jesus fala com eles sobre sua decepção. Ele não lhes diz por que tudo isso aconteceu. No entanto, ele lhes mostra, a partir da Bíblia, que isso não foi sem sentido e não foi nenhum fracasso, mas um caminho para uma nova vida, um caminho para a glória de Deus. Ele lhes diz: "O Messias não tinha de sofrer tudo isso para assim entrar em sua glória?" (Lc 24,26).

Nós podemos entender essa resposta, aplicada a nós e nossa doença, do seguinte modo: A doença destrói minhas concepções a respeito de mim mesmo, de minha vida e de Deus. Deixando que essas minhas concepções sejam destruídas, eu não irei me arruinar, mas, pelo contrário, eu me abro para meu verdadeiro ser e para o Deus incompreensível, para o esplendor originário que Deus me concedeu.

A doença põe-na perante a questão: Quem sou eu mesma? Qual é o sentido de minha vida? Você precisa despedir-se da ilusão de que irá através de realizações dar um sentido à sua vida. Sua vida tem sentido – simplesmente pelo fato de você viver sua vida, que é única. Com sua vida, você deixa vestígios gravados neste mundo. Se justamente em sua doença você se tornar permeável a Deus, então sua doença se tornará em uma bênção para outras pessoas. Então a glória de Deus resplandece em você. Você é permeável ao amor de Deus, que é mais forte do que a morte. Naturalmente, não é fácil que alguém em sua impotência se entregue totalmente ao incompreensível amor de Deus e se torne permeável a esse amor. É um processo doloroso. São Paulo exprime assim essa experiência que ele teve de fazer no próprio corpo, com uma doença que ele não pôde superar: "Mesmo que nosso ser humano se desgaste, nosso ser humano interior se renova dia a dia" (2Cor 4,16). Assim, eu lhe desejo que você faça as pazes com sua incompreensível doença e que descubra em si o espaço interior no qual Deus habita em você. Ali onde Deus habita em você, você está sã e intacta. Ali a doença não tem acesso. E a partir dali você pode irradiar algo que se torna uma bênção para você e para as pessoas que você encontrar.

A *doença* põe-na perante a questão: Quem sou eu mesma? Qual é o *sentido* de minha vida?

DURANTE muito tempo eu sofri constantemente de depressão, e agora estou tendo a experiência de uma grande alegria de viver – e, ao mesmo tempo, o medo de que isso pudesse ser apenas o lado maníaco de minha doença. Será que eu devo confiar no médico ou ouvir de preferência o meu coração, o qual me diz que eu estou simplesmente me alegrando com a vida que recentemente me foi dado viver?

Será que a alegria pode ser algo doentio?

Escute seu coração e seja grato pela alegria de viver que agora está sentindo. Quando sentir medo de que possa se tratar apenas do lado maníaco de sua doença, responda a esse medo convivendo cuidadosamente consigo mesmo. Esteja atento à medida certa. Com efeito, mania significa desproporção. A alegria pode ser excessiva. No entanto, cuide de dormir o suficiente, de não trabalhar em excesso, de ter uma rotina equilibrada. Mantendo desse modo uma boa proporção, você pode entregar-se gratamente à sua alegria de viver. Você não tem nenhuma garantia de que ela permanecerá. No entanto, o medo de que, dentro de dois meses, ela talvez não exista mais não pode ser um motivo para que você não se alegre agora. Também a alegria é um presente, o qual nós saboreamos, mas não podemos manter sob nosso controle. No entanto, enquanto sentir essa alegria de viver, agradeça a Deus por esse presente. Talvez a alegria de viver venha a se tornar mais serena. No entanto, isso que você agora está sentindo é uma parte de você. E, mesmo se de repente não estiver passando assim tão bem, uma coisa você deve saber: por baixo da depressão jorra sempre também a fonte da alegria. Às vezes, essa fonte fica turva. Então, é dever nosso entrarmos novamente em sintonia com ela, em meio a todos os outros sentimentos que a ela se sobrepuseram. Portanto, saboreie a alegria que agora está sentindo. Saboreando-a, você está em sintonia consigo mesmo. E, enquanto estiver em contato consigo mesmo, você não precisa ter qualquer medo de ser maníaco. Não deixe que o medo o impeça de se alegrar, mas, pelo contrário, encare-o como um convite a saborear a alegria como um presente de Deus e perceber-se de um novo modo. Em vez de interpretar a alegria como mania e miná-la com sua interpretação, você deveria interpretá-la como transformação de sua ferida (da depressão) em uma pérola: a pérola de uma nova vitalidade e um novo regozijo.

A alegria é um presente, o qual nós saboreamos, mas não podemos *manter sob nosso controle.*

EU não consigo mais me alegrar com nada. Vejo tudo de modo negativo. Antes eu sentia alegria ao caminhar através da natureza. Hoje eu caminho, porém não sinto mais nada. Tudo tornou-se vazio para mim. Estou insensível.

Como é que consigo voltar a me alegrar?

Não há nenhuma mágica repentina para conseguir alegrar-se novamente. O que você está descrevendo parece-me ser sinal de uma depressão. Na depressão, eu não consigo mais sentir nada. Então a alegria permanece uma palavra estrangeira, uma palavra que não tem mais nenhum efeito sobre mim. Um primeiro passo seria você fazer as pazes com sua depressão. Em sua alma se instalou algo que a impede de se alegrar. E eu falaria com a depressão. O que será que ela quer me dizer? Trata-se de uma depressão de esgotamento? Será que ela está me mostrando que eu tenho de primeiramente cuidar bem de mim mesmo para entrar novamente em sintonia comigo mesmo e com meus sentimentos? O segundo passo é você tentar perceber algo com seus próprios sentidos. Caminhe pela natureza e tente sentir com sua pele o vento, bem como o sol que a aquece. Nisso você não precisa ter certos sentimentos bem específicos. Mas, tentando, você talvez venha a perceber e sentir novamente algo que vem de fora até você. E, a partir daí, você talvez pudesse perceber o belo ao seu redor e se alegrar com isso. O terceiro passo poderia ser o seguinte: Perceba o seu próprio vazio. Sinta o seu corpo. Onde será que esse vazio pode ser sentido? Será que o corpo inteiro está vazio? Ou será que esse vazio se fixou apenas em uma determinada esfera? Imagine esse vazio e caminhe através dele. Haverá ali outros sentimentos e outras imagens que emergem em você? Confie que por baixo do vazio se encontre em você uma fonte de alegria. Mesmo que você não sinta essa alegria, ela está presente mesmo nessas condições. Somente a imaginação pode relativizar sua sensação de vazio. Não se pressione no sentido de ter de sentir alegria novamente. Mas não desista dela. Tente aproximar-se da alegria que está em você. Talvez uma palavra, um encontro, uma experiência espiritual possa pô-la novamente em contato com essa alegria.

Tente aproximar-se da *alegria* que está *em você*.

MINHA sogra vive em um asilo. Ela padece de demência e muitas vezes não reconhece nem mesmo seu próprio filho. Nossas visitas me deixam sempre assustada. De um lado, eu sinto como é difícil dar a uma pessoa que sob muitos aspectos se tornou estranha o amor que ela merece. E, de outro lado, meu marido e eu somos sempre afetados pelo medo:

Será que nos ocorrerá algo semelhante?

Dois são os sentimentos que você tem quando está com sua sogra demente. Um é o susto diante de uma pessoa que parece viver em um outro mundo, que está tão alheada a ponto de não reconhecer mais seus próprios filhos. Isso é doloroso. Mas nós podemos confiar que por trás dessa fachada insensível ainda se encontra um ser humano com sua própria dignidade. E às vezes entra uma luz através da fachada. Você pode confiar que, apesar da demência, sua sogra percebe o amor que você lhe dá. Naturalmente, esse amor é sempre unilateral, pois você não obtém qualquer resposta. Trata-se mais de compaixão. Talvez lhe seja útil imaginar que em sua sogra você esteja amando e cuidando bem da parte inconsciente de si mesma.

O segundo sentimento é o medo de que você mesma uma dia venha a ficar demente. Esse medo eu também conheço. É bom

Nossa *dignidade* é algo mais profundo do que o que nós mostramos para fora.

se confrontar com esse medo. Para começar, isso não tem de acontecer. A demência é um desafio a nós no sentido de vivermos conscientemente, vivermos com todos os sentidos, continuarmos no caminho e não ficarmos parados. Por outro lado, a demência nos mostra em que consiste nossa própria dignidade. Nossa dignidade é algo mais profundo do que o que nós mostramos para fora. Há em nós um núcleo indestrutível, um núcleo divino, que não será dissolvido nem mesmo por meio da demência. Mesmo que nós, na demência, nos retiremos do mundo consciente, nosso núcleo interior permanecerá nítido e desperto. E, mesmo em meio à demência, ao falecermos, nós iremos para Deus. Tome o medo como um convite a viver conscientemente e ser grata pela vitalidade que Deus lhe concedeu. E deixe que o medo lhe lembre sempre quem você é verdadeiramente e que em você se encontra algo que é mais forte do que a morte: o amor e sua pessoa inconfundível e única, que resplandece em meio a tudo o que pudesse turvar seu brilho originário.

NO momento, eu padeço de vários transtornos do sono. Após algumas horas, eu desperto e fico revolvendo meus problemas. Faço horas extraordinárias no escritório e, apesar disso, não sei como deva dar conta de todos os compromissos. E também em casa eu tenho preocupações: meus filhos estão na puberdade, meu marido tem na sua própria empresa enormes dificuldades, as quais, naturalmente, também me afetam. E, após tais noites, eu vou ainda mais cansada para o dia seguinte.

Como é que eu posso combater meus problemas de sono, para ter de novo mais força?

Você não tem como deixar de despertar à noite. Mas depende de você o modo como lida com o fato de estar desperta. Não lute contra o fato de estar desperta. Encare-o, antes, como uma chance. Poderia ser uma chance no sentido de oferecer sua vida a Deus e falar com Deus sobre sua vida. Em vez de ficar investigando sobre o modo como poderia dar conta de todas as dificuldades, reze pelo seu marido e pelos filhos. Então, a confiança cresce. E, nessa confiança, você pode também adormecer novamente. Então, não é assim tão importante quanto tempo você dorme. Se, nas fases em que está desperta, você se permitir repousar descontraidamente nos braços amorosos de Deus e, com suas preocupações, abandonar-se ao amor de Deus, então também tais fases são importantes e reparadoras.

Dormir tem a ver com *largar*. Se você lutar contra a insônia, ela se tornará ainda mais intensa.

Talvez você desperte durante a noite pelo fato de durante o dia ter muito pouco tempo para oferecer seus problemas a Deus. Ora, dormir tem a ver com largar. Se você lutar contra a insônia, ela ficará ainda mais intensa. Se, na fase em que está desperta, você ficar apenas pensando, na manhã seguinte você estará simplesmente abatida pelo cansaço. Mas, se em vez de se irritar com o fato de estar desperta você acolhê-lo como um chamado de Deus, então esses momentos em que está desperta podem tornar-se fecundos para você. Com efeito, o despertar noturno é também um convite à serenidade. Imagine que, com seus problemas, sua inquietação e sua insônia, você esteja repousando nas mãos de Deus. Então não é assim tão importante se você adormece novamente. Repousando em suas mãos, seu corpo encontrará o repouso de que você precisa.

CAPÍTULO 8

Fracasso e culpa

A vida não decorre sempre assim tão sem obstáculos quanto nós gostaríamos. Às vezes, nós fracassamos com nosso projeto de vida, em nossa profissão, em nosso casamento. No fracasso, destrói-se o edifício da vida que nós construímos. Isso pode também ser uma chance. A chance consiste em que Deus recomponha os fragmentos de nossa vida, de modo que ela corresponda mais à imagem originária e autêntica que Deus fez de nós. Muitos têm dificuldade de admitir um fracasso. Mas, se nós fizermos as pazes com nosso fracasso, sem nos culparmos, então, apesar de todas as rupturas, nós reconheceremos também um fio condutor em nossa vida. Fazem parte da nossa vida as duas coisas: a continuidade e as rupturas. A continuidade dá-nos a confiança de que nossa vida não se constitui simplesmente de partes isoladas de um dominó, as quais não dariam um quadro total e não teriam conexão interna. Pelo contrário, nós experimentamos na continuidade dessa vida um fio condutor que se impõe, que, apesar de todas as rupturas, concede à nossa vida uma unidade. Nossa vida é uma totalidade, uma obra de arte que, por meio das rupturas, se abre para a verdade interior. As rupturas mostram-nos que, frequentemente, misturamos a imagem interior que Deus fez de nós com nossas próprias imagens e expectativas. E as rupturas revelam-nos ainda a imagem original.

Em séculos passados, a Igreja pôs no centro de seu anúncio a culpa e a pecabilidade. Por esse meio, ela incutiu sentimentos de culpa em muitas pessoas e assim lhes causou danos. Hoje, porém, nós nos encontramos no outro perigo: excluir do nosso pensamento o fenômeno da culpa enquanto tal. No entanto, todo ser humano tem o sentimento de que pode se tornar culpado e pôr a perder a sua vida. Os gregos falavam, em suas tragédias, da trágica culpa do ser humano. Também outras religiões conhecem o fenômeno de que o ser humano viva à margem de si e da verdade sobre si. Se nós excluirmos a culpa do discurso religioso, então as pessoas falarão de sua culpa na sessão de terapia. Mas o que importa é falar da culpa de tal modo que nós não veiculemos o medo da culpa, mas, pelo contrário, apresentemos um meio de convivermos com a realidade e o peso da culpa. A mensagem cristã do perdão concedido por Deus é um tal meio. Liberta-nos do juiz cruel que nós trazemos em nós, e que sempre nos declara culpados. Nós precisamos da misericórdia de Deus para nos libertarmos de nossa própria crueldade. Por isso, é central a mensagem cristã do perdão da culpa. Ela é uma boa nova que nos possibilita, voltando o nosso olhar para o amor incondicional de Deus, olhar também para nós mesmos, com nossos lados sombrios e com nossa culpa, sem nos condenarmos. O perdão é hoje compreendido por muitos psicólogos como um ato terapêutico de autopurificação e como um meio de convivermos humanamente neste mundo. O perdão concedido por Deus mostra-nos justamente isso. Ele pretende nos capacitar a nos perdoarmos também a nós mesmos e uns aos outros.

QUANDO era ainda muito jovem, eu fui abusado por um amigo um pouco mais velho. Eu rompi o contato com ele, ele também mudou-se para uma outra cidade e desapareceu da minha vida. Recentemente, ele se apresentou novamente. Ele quer ter uma conversa e, segundo diz, gostaria de construir uma nova relação de confiança. O incidente daquele tempo não me afeta mais. No entanto, em relação a ele, esfriou tudo dentro de mim. Não estou mais de mal com ele, não o odeio mais. No entanto, não se trata apenas de eu não permitir mais que tudo isso me afete. Ele também não se deve sentir confortável:

Eu sei que deveria agir de
outro modo– mas não o perdoo.

O abuso é uma ferida profunda, que nós não podemos simplesmente ignorar. Eu não daria ao ex-amigo a esperança de uma nova relação de confiança. No entanto, você deveria perdoar. Pois, se você não perdoar, a energia negativa que ainda está em você em virtude da mágoa continua a agir em você. Perdão não significa esquecer tudo e ter novamente uma relação bem normal com a outra pessoa. Perdão significa, antes de mais nada: Eu me liberto da energia negativa que ainda está em mim em virtude da mágoa. Se eu não perdoar, ainda estou preso ao outro. Mas eu só

***Perdão* não significa que a antiga relação se torne novamente possível.**

posso perdoar se permitir novamente a dor da ferida e, consequentemente, também a indignação que me faz rejeitar o outro. Portanto, você não deve se deixar abusar novamente cedendo ao desejo do outro. Reflita sobre o que você pode fazer por si mesmo para se livrar do abuso. O sentimento de que algo esfriou dentro de você também não lhe faz bem. O perdão pode tranquilamente se configurar no sentido de você não desejar mais nenhum contato com o ex-amigo. Mas isso deve ser entendido não em termos de hostilidade, mas como prevenção contra uma nova ofensa. Em seu lugar, eu escreveria a essa pessoa que busca novamente estar em contato com você uma carta na qual eu expressaria meus sentimentos. A carta não deveria conter quaisquer censuras. Eu deixaria claro que lhe perdoo, porém não desejo qualquer contato. É importante que a velha ferida não mais rebente. Então você fica em paz. Você perdoou. Mas você lhe mostra também que ele precisa assumir as consequências de seu abuso. Isso eu depreendo de sua observação de que você não pretende fazê-lo sentir-se confortável. Nisso há algo de saudável: Você não quer que ele resolva tudo com uma conversa ou até mesmo dê por não acontecido. Isso não pode ser. Ele precisa conscientizar-se do que fez. E perdão não significa que a antiga relação se torne novamente possível. Confie, portanto, no seu sentimento. Mas não cause danos a si mesmo recusando-se a perdoar.

UMA amiga, que em breve completa noventa anos, permanece muito lúcida. Ao longo de sua vida ela sempre foi muito autônoma, tem um grande círculo de amigos que também agora ainda se preocupam com ela. Após um curto período de enfermidade, foi pressionada por sua filha, que mora bem longe dela, a internar-se em um asilo para idosos. Em seu desespero, a amiga me telefonou, e eu não sei se não deveria ter me engajado mais intensamente em favor dela. Eu a aconselhei a ficar inicialmente no asilo apenas "a título de prova". No entanto, eu tive medo de entrar em relação com sua filha, embora tenha a sensação de que nesse asilo, no qual, aliás, há quase apenas idosos dementes, ela irá "encolher" e definhar.

Será que eu fui demasiadamente covarde?

Em seu lugar, eu não falaria com a filha de sua amiga. Pois eu não creio que se ganharia muito com isso. Eu perguntaria, antes, à amiga se ela realmente gostaria de ir para o asilo ou se se consideraria capaz de ainda viver sozinha. E eu falaria com ela sobre a mágoa que a filha lhe causou. O que é que o desejo da filha suscita nela? Se ela puder falar sobre esse sofrimento, então ou compreenderá o desejo da filha ou sentirá em si a força para seguir seu próprio caminho. Ela não tem de ir para o asilo. Está claro que ela ainda pode cuidar de si mesma. E talvez ela possa pedir ao seu círculo de amigos que cuide dela. Em algum momento será tempo, então, de ir para o asilo.

Censuras não levam a nada. É importante compreender também as _preocupações_ das outras pessoas.

Mas não faz bem à sua amiga se deixar pressionar. Ela talvez ainda precise de tempo. E ela deve determinar por si mesma o momento certo de ir para o asilo. Você pode também perguntar a sua amiga se deveria você falar com a filha dela. Apenas se sua amiga mesma desejar isso é que convém fazê-lo. Mas a conversa deveria ser isenta de censuras. Isso não levaria a nada. Você deve, antes, compreender também a preocupação da filha. Talvez se descubra também um meio de o círculo de amigos e a filha buscarem juntos o modo de organizar um serviço de assistência para a idosa.

ALGUNS anos atrás, eu tomei uma decisão que com o tempo se revelou incorreta. Se naquele tempo tivesse agido corretamente, eu estaria livre das muitas dificuldades financeiras que hoje me enchem de medo em relação ao futuro da minha família. Muitas vezes eu não consigo dormir à noite pelo fato de estar sempre girando em torno dessa decisão incorreta e muitas vezes ser arrastado para baixo ao longo de vários dias.

O que é que eu posso fazer para me livrar desse autodilaceramento?

Você precisa primeiramente deplorar o fato de ter tomado essa decisão incorreta. Ela pôs você em uma situação difícil. Isso dói. Mas tente agora ir, por meio do sofrimento do deplorar, até o fundo de sua alma. Ali você não apenas encontrará a decisão incorreta, mas também entrará em contato com suas próprias forças. Pergunte-se como será que hoje você pode reagir a essa decisão. Talvez a decisão tenha também o sentido de você se confrontar com novos desafios, de ter descoberto em si alguns lados que lhe fazem bem. Mas, enquanto girar em torno de seus sentimentos de culpa e se dilacerar com autocensuras, você não entrará em sintonia com suas próprias forças. Com seus sentimentos de culpa, você se afasta justamente da verdade sobre si mesmo e de sua vida. Pergunte-se, portanto, que desafio se encontra em sua situação. E aceite, então, o desafio. Você sentirá que se fortalece com isso e que descobrirá novas formas possíveis de continuar vivendo pra si e para sua família. No processo do deplorar, trata-se de se despedir das ilusões que construiu a respeito da vida. Talvez tal ilusão tenha consistido justamente em você crer que pode ter sua vida sob seu controle, que tudo tem de dar certo. Uma vez que tenha se despedido de suas ilusões, você talvez possa também descobrir o bem que sua decisão lhe fez. Talvez sua família tenha se consolidado com isso e tenha descoberto para si outros valores além de dinheiro e segurança.

Enquanto girar em torno de seus sentimentos de culpa e se dilacerar com autocensuras, você não entrará em sintonia com suas próprias *forças*.

EU "gozei" de uma educação religiosa muito rigorosa, marcada certamente por medo e por mandamentos, e não por liberdade e confiança. Ainda hoje, eu tenho raiva das pessoas que deformaram tanto a minha vida e abafaram por tanto tempo minha alegria de viver. Tais foram não somente meus pais, mas também padres e professores carolas em uma escola dita "cristã". Como é que eu posso me livrar de minha raiva? E, antes de mais nada:

Como é que eu posso finalmente conquistar uma verdadeira liberdade?

Você deve transformar a *raiva* em uma força obstinada.

A raiva é a força para que eu me distancie daqueles que me prejudicaram. Você deve usar a raiva para expulsar de si as pessoas que lhe roubaram a alegria de viver. E você deve transformar a raiva em uma força obstinada: "Eu posso viver por mim mesmo. Eu não preciso de vocês e de sua atitude hipócrita. Eu sinto a alegria em mim. Não deixo que vocês me privem dela". E então você deve se perguntar o que levou seus pais, os padres e professores a falar assim de Deus e do ser humano. Que medo se oculta por trás disso? O que será que essas pessoas reprimiram com sua atitude religiosa? De que será que eles tinham medo? Tais perguntas levam a ver essas pessoas não como monstros, mas como pessoas medrosas que buscaram para si um meio de se arranjar de algum modo com aquilo que lhes causava medo. Hoje, porém, você deve encontrar o seu modo de se arranjar consigo mesmo e com sua vida. Você precisa despedir-se interiormente dessas pessoas e escutar a si mesmo. O que é aquilo por que eu anseio? O que é que me dá suporte? Expulsando de si a religião demasiadamente estreita, você não deve extirpar junto as suas raízes religiosas. Senão, falta-lhe alguma coisa. Pergunte-se: Onde em mim se encontram também raízes religiosas saudáveis? Em quem é que eu confio? E então leia você mesmo a Bíblia ou livros religiosos e pergunte por qual tipo de espiritualidade você anseia. As velhas imagens irão emergir novamente em você. Mas, então, encare-as e diga: Eu conheço vocês. Vocês provêm de meus pais, desse padre, desse professor. Eu as deixo circunscritas a eles. Confio em meu sentimento. Convivendo assim com seu passado, você se torna sempre mais livre dessas velhas imagens. E você pode buscar para si novas imagens, imagens saudáveis, tais quais a Bíblia delineia para nós, imagens que lhe façam bem e curem suas feridas.

EM minha vida, eu contraí uma culpa em relação a uma pessoa que me queria bem. Não consigo me livrar disso.

Como é que eu posso confiar que Deus me perdoa se nem sequer eu mesmo consigo me perdoar?

O caminho é inverso: Nós devemos confiar que Deus nos perdoa. Isso deve nos ajudar a nos perdoar a nós mesmos. É mais fácil crer no perdão de Deus do que perdoar a si mesmo. Jesus nos assegurou sempre que Deus é um Deus misericordioso. Deus perdoa nossa culpa. Mas em nós está um juiz cruel, nosso próprio superego, que sempre nos condena quando nós não estamos à altura de nossas próprias normas e concepções. Você pode, portanto, confiar que Deus lhe perdoou e perdoa sempre. Entregue à compaixão de Deus sua incapacidade de perdoar-se a si mesmo. E pergunte-se, então, por que você não pode se perdoar. Eu presumo que você se mantenha preso à sua imagem ideal. Você não consegue se perdoar porque se mantém preso a uma determinada autoimagem que ruiu em virtude de seu comportamento. Assim, você deveria despedir-se dessa imagem que você construiu de si mesmo. Isso dói. Mas, uma vez que essa imagem ruiu, você deveria então se perguntar: Quem sou eu realmente? Você não é nem perfeito nem mau. Você é mediano como nós todos, com pontos fortes e pontos fracos. Faça as pazes consigo mesmo, assim como você é, assim como seu comportamento lhe mostrou que você é. Uma vez que tenha se despedido de sua sublime imagem ideal, você experimentará em si uma nova liberdade interior. E descobrirá em si os dons que Deus lhe concedeu. Sentirá em si uma nova paz. Eu lhe desejo de coração essa liberdade interior e essa paz.

Em última instância, trata-se de fazermos as pazes com nosso *ser gente*, que é sempre também ser falível.

Talvez haja ainda um outro motivo para sua capacidade de perdoar a si mesmo. Nós todos gostaríamos de andar por aí a vida toda com um colete branco. Mas, ao longo do tempo, esse colete branco passa a ter manchas escuras. Nós temos de fazer as pazes com isso. Não dá para vivermos assim como gostaríamos, com um colete imaculado, sempre impecáveis, sem nenhuma culpa. Em última instância, trata-se de fazermos as pazes com nosso ser gente, que é sempre também ser falível.

APÓS um acidente do qual eu mesmo fui culpado e minha mulher veio a falecer, eu fui reanimado de uma situação na qual já estava clinicamente morto. Eu ainda sofro psiquicamente pela perda de minha mulher. Uma vez que estou convencido de que há uma vida após a morte, eu me pergunto: Por que eu tinha de ser reanimado? Junto a Deus estaria tudo bem!

Por que eu tinha de ser reanimado?

Eu também não sei dizer por que você tinha de voltar à vida. E compreendo seu desejo de se unir a sua mulher na morte. Teria sido mais fácil para você. Mas, então, você foi reanimado. Uma nova vida lhe foi concedida, mesmo sendo isso tão doloroso. E assim eu perguntaria: Como é que eu devo viver essa vida que Deus me concedeu novamente? E qual é a mensagem de minha mulher, que agora está junto a Deus? O que é que ela quer me dizer? Que vestígios eu gostaria de deixar gravados neste mundo com minha vida? Como é que eu posso viver aqui sem minha mulher? Sua mulher lhe foi dada por Deus para acompanhá-lo. Você pode falar interiormente com ela sobre o que ela deseja para você e o que lhe aconselha. Você não pode deixar de guardar luto por sua mulher. No entanto, o luto pretende levá-lo a um novo relacionamento com sua mulher, que agora está consumada na morte. Você pode se perguntar: Qual a essência da minha mulher? Qual a sua mensagem? O que é aquilo por que ela ansiava? Qual a imagem bem singular que ela viveu e que, no entanto, só se revelou plenamente agora na morte? E pergunte-se: Quem sou eu mesmo? Qual a minha tarefa neste mundo? Por que será que Deus me concedeu ainda esses anos? Que mensagem eu gostaria de comunicar às pessoas ao meu redor? E o que eu gostaria de continuar vivenciando nesse mundo daquilo que a minha mulher incorporou, mas talvez não tenha ficado suficientemente claro para muitas pessoas? Pergunte na oração que resposta você deveria dar, com sua vida, à vida e ao falecimento de sua mulher. Essas perguntas todas não irão abolir o sofrimento pela perda de sua mulher. No entanto, você poderá transformar seu luto em uma vida nova, intensa, uma vida com a qual você se torne uma bênção para outras pessoas. E peça à sua mulher que se torne uma bênção para você, agora que ela, por meio da morte, está consumada junto a Deus.

Você poderá transformar seu luto em uma vida nova, intensa, uma vida com a qual você se torne uma *bênção para outras* pessoas.

EU não sou nenhuma vegetariana. Mas, ultimamente, minha filha se posiciona criticamente em relação ao consumo de carne e me pergunta pela minha atitude. O que diz a Bíblia a respeito do vegetarianismo?

Será que as pessoas podem causar sofrimento aos animais e matá-los para se alimentar deles?

É bom que sua filha seja vegetariana. A tradição espiritual refletiu muito a esse respeito. A tradição dos monges sempre renunciou também ao consumo de carne. São Benedito permite o consumo de carne apenas aos enfermos. Isso tem também motivos espirituais. A alimentação vegetariana – acreditavam os monges – é uma ajuda para o caminho espiritual, para na meditação tornar-se mais aberto para Deus. No entanto, não devemos transformar a alimentação vegetariana em uma ideologia. A Bíblia parte do princípio de que nós podemos comer carne. A lei judaica proibiu apenas a carne de porco. São Paulo diz que os cristãos não devem estabelecer quaisquer preceitos alimentares. Nós devemos, portanto, ver o alimento como presente de Deus, em vez de pensar que um certo alimento seria demoníaco, e outro, não. Paulo fala do problema seguinte:

naquele tempo, a carne que estava à venda no mercado público provinha frequentemente dos sacrifícios que se prestavam aos deuses pagãos. Mas, uma vez que o cristão não crê nos deuses ou demônios pagãos, ele mesmo pode, segundo o apóstolo Paulo, comer essa carne sem escrúpulos.

Nós precisamos ter *respeito* pelos animais e um trato cuidadoso com eles.

Outra questão é a de saber se nós podemos causar sofrimento aos animais. Hoje em dia, a nossa indústria de carne trata, certamente, de modo muito desumano os animais. Os índios honravam os animais e, apesar disso, comiam sua carne. No entanto, eles agradeciam aos animais que eles tinham matado para se alimentar de sua carne. Nós precisamos, certamente, desconfiar das ideologias. Mas o que nós precisamos é: respeito pelos animais e um trato cuidadoso com eles.

MEU pai faleceu há muitos anos. Ele esteve doente por muito tempo, no final ficou também acamado por mais de um ano e sempre em situações críticas. Naquele tempo, isso era para nós todos uma situação grave. Segundo se diz, no final, o médico da família aplicou-lhe injeções para aliviar a dor. Eu sofro ainda hoje com a impressão de que – sem que se tenha jamais falado disso – se tratava de uma dose que, apesar de lhe possibilitar adormecer sem dores, era preparada conscientemente de modo tal, que se tem de falar, propriamente, de uma eutanásia ativa.

Eu não consigo me livrar do sentimento de culpa em relação ao meu pai.

Para começar, você mesmo não contraiu nenhuma culpa, pois que você mesmo não participou do processo decisório. Está claro que não houve nenhuma decisão. Hoje você não pode mais constatar o que o médico da família realmente fez. Por isso, eu desistiria de qualquer elucubração a esse respeito. Você pode confiar que seu pai hoje está junto a Deus. Certamente, ele não lhe faz qualquer censura. Ele está junto a Deus, em paz consigo e com você. Prefira entrar em relação com ele. Girar em torno dos sentimentos de culpa pode impedi-lo de se permitir o luto pelo seu pai e, através do luto, entrar em uma nova relação com seu pai. Entregue a Deus seu falecimento e o modo como ele faleceu. Você não precisa de maneira nenhuma saber exatamente se as coisas caminharam ou não na direção de uma eutanásia ativa. Caso se ponha hoje nessa situação com outras pessoas, você pode, certamente, encará-la mais conscientemente. Mas não beneficia ninguém você cultivar sentimentos de culpa em relação ao passado. Entregue à compaixão de Deus seus sentimentos de culpa. Independentemente de ter ou não havido culpa, você está envolvido pela misericórdia de Deus. Ela lhe concede paz, a paz de que seu pai goza há muito junto a Deus e que ele gostaria de partilhar com você. E, na oração com Deus, pergunte a seu pai o que é que hoje ele gostaria de lhe dizer, que mensagem ele tem para você, que resposta você deveria dar à sua vida.

Girar em torno dos *sentimentos de culpa* pode impedi-lo de se permitir o luto pelo seu pai.

CAPÍTULO 9

Morte, falecimento, luto

Pensar na morte deixa muitas pessoas inquietas. É que elas pensam no mais das vezes no próprio falecimento. Elas não sabem o que as aguarda na morte. Como será realmente quando nós morrermos? O pensar na perspectiva das ciências naturais tira a muitos a certeza de que ao morrerem irão para junto de Deus e se verão novamente junto a Deus. E, no entanto, há no ser humano uma ânsia profunda pela crença naquilo que a Bíblia chama a ressurreição dos mortos. Não o trato com a ciência natural, mas o ocupar-se com a psicologia pode nos ajudar a confiar em nossa ânsia. Segundo C.G. Jung, corresponderia à sabedoria da alma crer em uma continuação da vida após a morte – e não apenas em um continuar vegetando, mas em uma transformação e consumação. Seguir a sabedoria da alma é saudável para o ser humano. Resistir à sabedoria da alma e seguir apenas argumentos racionais, diz Jung, conduz, frequentemente, a padrões neuróticos, a uma fixação apavorada em si e na própria saúde e a temores difusos, muitas vezes, até mesmo a um enrijecimento. Como psicólogo, Jung decide confiar na sabedoria da alma, mesmo admitindo que não pode provar a vida após a morte.

Um outro tema que toca muitas pessoas quando pensam na morte é o trato com moribundos. Eles sentem que a morte encerra em si também a chance de uma reconciliação com o moribundo e de uma despedida digna. O falecimento é a ocasião para dizer a outras pessoas palavras que até então nós não nos atrevêramos a dizer – palavras de amor, de atenção, de agradecimento. Ao acompanharmos pessoas na hora da morte, muitas vezes nós mesmos somos os presenteados. Nós vivenciamos as duas coisas: como as pessoas na hora da morte lutam com a morte e também com Deus, mas também como se entregam a Deus e, ao morrerem, irradiam um brilho que confere a todos os presentes consolo e esperança.

Em face da morte, nós mesmos somos confrontados com a vida não vivida. Nós sentimos que não vivemos realmente, que estamos de mãos vazias perante Deus. Não se trata de realizar ainda alguma coisa perante Deus no último minuto. Se eu tiver a impressão de jamais ter vivido direito, nem por isso tenho de recuperar tudo. No entanto, nunca é tarde para eu viver e gravar os vestígios de minha vida neste mundo. Há pessoas que, diante da morte, cresceram no sentido da configuração bem singular que Deus idealizou para elas. Nos últimos momentos de suas vidas, elas deixaram gravados neste mundo vestígios plenos de luminosidade e esperança, não realizando algo, mas entregando-se a Deus e tornando-se permeáveis a Ele, a sua graça e a seu amor. Pensar na morte pode tornar-se um convite para encontrarmos nossa verdadeira essência, para nos amoldarmos à imagem bem singular que Deus construiu de nós. Angelus Silesius revestiu isso das seguintes palavras: "Homem, torne-se essencial! Pois, quando o mundo passar, o acidental desaparece, enquanto a essência subsiste".

COMO médica em uma unidade de terapia intensiva, eu vivenciei justamente isto: Nós tínhamos um paciente de 92 anos, em estado de coma, que tinha dito em um termo de declaração querer ser mantido longe de procedimentos médicos que visassem a prolongar a vida. Quando sua filha veio ter conosco, nós propusemos-lhe desligar os aparelhos e deixá-lo morrer em paz. Sua filha foi veementemente contra e, ameaçando-me com procedimentos jurídicos, obrigou-me a deixar ligados os aparelhos. Por sorte, ele morreu logo.

Ainda hoje eu tenho remorso.

Infelizmente, eu não posso responder à questão jurídica. A crer no meu sentimento, o sentido da declaração do paciente é que nós devemos seguir sua vontade e não a vontade dos familiares. Numa perspectiva teológica, nós podemos dizer que não nos é permitido nem prolongar artificialmente nem pôr ativamente um fim à vida. Se a vida já depende apenas dos aparelhos, e o paciente, antes de entrar em estado de coma, rejeitou, em plena consciência, procedimentos de prolongamento da vida, então nós deveríamos respeitar isso. Devemos deixá-lo morrer dignamente. A questão é como você trata com a filha dele. Se a filha é tão veementemente contra, seria bom, inicialmente, falar com ela sobre seus sentimentos. Por que ela é tão veementemente contra? Eu suspeito que ela tenha medo de largar o pai e se ocupar com a morte.

Ofereça a Deus a sua luta e confie que ela é superada e acolhida em Sua *compaixão*.

É importante que essa conversa aconteça em um contexto de plena tranquilidade, sem censura e sem tentativas de justificação. Pois então as posições apenas se endureceriam. Em vez de desligar de imediato os aparelhos, eu deixaria à filha dois dias para se familiarizar com a ideia e conversar a esse respeito com um pastor de almas ou um terapeuta. Se após dois dias ela ainda persistisse em sua opinião, conviria responder que você irá deliberar com sua equipe médica sobre qual vontade deve ser seguida agora – a vontade do paciente ou a vontade da filha. É importante sair de uma situação de luta por poder. Pois em uma tal situação não se vai longe. Em seu caso, o destino resolveu o conflito. Você deve ser grata por isso e despedir-se do remorso. Quando ele se manifestar, ofereça a Deus a sua luta e confie que ela é superada e acolhida na compaixão de Deus.

EU tenho uma relação muito boa com uma vizinha, nesse momento já muito idosa. Vez por outra eu também a visito no asilo onde ela vive há algum tempo. Ela é uma senhora um tanto complicada, porém eu tenho uma ligação muito boa com ela. Seu filho brigou com ela e já não a visita há mais de três anos. Ela também assume um atitude de recusa sempre que se fala sobre o filho. Eu tenho a sensação de que ela possa em breve estar chegando ao fim. De um lado, eu não gostaria de me intrometer em coisas que não me dizem respeito e cujo pano de fundo eu não conheço. De outro lado, eu tenho o pressentimento de que poderia ser benéfico a essa mulher se seu filho pudesse se reconciliar com ela e ela pudesse fazer as pazes com ele.

Será que nesse caso eu tenho uma obrigação a cumprir?

Você não tem nenhuma obrigação a cumprir. A reconciliação tem de partir do filho. Mas, se você se sente impulsionada a contribuir para a reconciliação, então deveria ceder a esse impulso. No entanto, a questão é o que você pode fazer. Confie no seu próprio sentimento. Eu telefonaria para o filho e lhe contaria que a mãe está passando mal. Não sabemos como ele reagiria a isso. Pode ser que ele fale mal da mãe. Então, você não deveria dizer nada contra isso, mas apenas recomendar: "Pode ser que você tenha razão. Mas a gente deveria apaziguar um conflito antes da morte, e não depois. Depois a coisa se tornará ainda mais difícil". Em vez de pressioná-lo, eu diria para ele: "Reflita sobre o que você pode fazer por sua mãe, sobre o modo como pode dar-lhe um sinal de reconciliação". Então espere e confie que o coração dele se abrirá. Mas, então, deixe com Deus a questão de saber se uma reconciliação acontece ainda enquanto eles estão vivos. Na conversa, você não deve forçar o filho a lhe prometer que visitará a mãe. Você disse o que deve ser dito. Agora, confie que o filho refletirá em plena liberdade a esse respeito e por si mesmo dará um passo na direção da mãe. Se ele não o fizer, recomende então à mãe que acredite no filho, mesmo se agora ele não dá conta de ir até ela. O anjo da reconciliação abrirá, após a morte dela, o coração de seu filho. A reconciliação é possível, mesmo que só aconteça no céu.

A *reconciliação* é possível, mesmo que só aconteça no céu.

MEU marido e eu estamos tão idosos, que estamos sempre falando sobre o tempo após a morte do parceiro. Recentemente, ele disse, de repente, que tirará a própria vida quando eu não mais existir. Eu me assustei tanto com isso, que não falei mais com ele a esse respeito. E, pelo que se ouve, sempre mais pessoas se matam em nossa sociedade.

Será que nós temos o direito de julgar alguém que não pode mais suportar o peso da vida e, com suas próprias mãos, põe um fim à vida?

Não nos compete julgar outras pessoas, mesmo quando elas cometem suicídio. No entanto, deveria estar claro para nós que não nos cabe pôr as mãos em nós mesmos. Eu lhe diria que o acompanharei lá do céu e que ficaria triste se ele tirasse a própria vida. Eu também não discutiria por muito tempo a esse respeito. É normal que tais ideias se manifestem. No entanto, eu lhe diria que, lá do céu, eu cuidaria que ele esteja bem e que, também na solidão, ele se sinta unido a mim. Prometa-lhe isso e confie que ele se lembrará disso caso você venha a falecer antes dele. Mas deixe também com Deus o modo do seu próprio falecimento. Você não sabe quem falece primeiro. E você não sabe como o parceiro que fica se arranjará com isso. Pensar que um parceiro possa falecer é um desafio no sentido de ficar claro para nós o que é que realmente nos sustenta. Será somente o amor do parceiro que nos sustenta? Esse amor nos acompanhará também após a morte. No entanto, nós precisamos de um fundamento mais profundo para nossa vida. Esse fundamento, em última instância, é Deus. Em Deus nós continuamos ligados uns aos outros, mesmo para além da morte.

***Pensar* que um parceiro possa falecer é um *desafio* no sentido de ficar claro para nós o que é que realmente nos sustenta.**

ESTE ano, faleceu um ente querido a quem eu era muito ligada. Eu tenho medo de comemorar o Natal porque justamente nessa festa eu sinto dolorosamente a solidão.

Como é que eu posso lidar com a solidão e o abandono?

Na festa de Natal, tomamos consciência, de um modo especialmente doloroso, da falta do ente querido. Nessa festa, em vez de reprimir a morte, integre-a ao modo como você comemora. Escolha uma vela para o falecido. Se preferir, decore essa vela com símbolos que lhe lembrem o ente querido, que expressem sua essência. E então, no Natal, acenda essa vela no presépio e sob a árvore de Natal e imagine que o ente querido está agora comemorando o Natal no céu. Ele participa, contemplando, da mesma festa que você realiza como uma pessoa que crê. E você pode imaginar como o ente querido, agora como quem contempla, reconhece o mistério da encarnação e o que, em última instância, significa a encarnação de Deus para você que agora comemora o Natal. Então, em meio a toda a dor, você se sente ligada ao ente querido. E você faz a experiência de que o amor é mais forte do que a morte, de que a morte não destrói o seu amor, mas apenas o transforma e consuma. Então, apesar da morte, vocês celebram o Natal em comum. E a lembrança do falecido pode, de um novo modo, abrir-lhe o acesso ao mistério da encarnação. Deus tornou-se um ser humano para nos plenificar com a vida divina, que ultrapassa também a morte. E ele veio até nós e, na morte, saiu de nosso meio para nos preparar uma morada no céu. O ente querido já está nessa morada. Ele está ornando-a para você, para que você, ao falecer, vá ao encontro não da escuridão e do horror que não conhece, mas da morada que está ornada com todas as experiências que você partilhou com o ente querido.

Você faz a experiência de que a morte não destrói o seu amor, mas apenas o *transforma* e consuma.

COMO enfermeira em uma unidade de terapia intensiva, eu tive, junto com outras pessoas, a experiência de como um paciente, após uma tentativa de suicídio, foi reanimado e trazido de novo à vida. Eu percebi, então, que ele não se alegrou de maneira nenhuma com isso e até mesmo ficou desesperado.

Não será que nós deveríamos deixar falecer as pessoas que tomaram uma tal decisão?

Nós sabemos que o suicídio é muitas vezes um *grito* da alma pedindo atenção.

Não é fácil resolver essa questão. Nós deveríamos deixar uma outra pessoa falecer dignamente. E deveríamos também respeitar sua decisão de cometer suicídio. No entanto, nós sabemos que o suicídio é muitas vezes um grito da alma pedindo atenção. Muitas pessoas não querem que seu suicídio dê certo. Como médico ou enfermeira, você não pode saber o que o paciente pensou no caso do seu suicídio. Por isso, está bastante no sentido do *ethos* médico prestar assistência ao moribundo e reanimá-lo. Se de fato estiver mortalmente infeliz com isso, ele tentará mais uma vez o suicídio. Então, não podemos impedi-lo de fazer isso, mas apenas confiar que por esse caminho ele se encontrará com Deus. Mas talvez, após o desespero, ele descubra também um sentido no fato de ter voltado à vida. E ele viverá esta vida com uma nova gratidão e atenção. Você deve nutrir essa esperança e, nesse sentido, você deveria encorajá-lo e fortalecê-lo.

EU ainda sou bastante jovem. Naturalmente, eu também tenho medo do falecimento e do sofrimento que provavelmente está ligado a ele. No entanto, eu tenho mais medo ainda da morte. Será que nós retornaremos, no máximo, como moléculas rearranjadas?

Será que com a morte nós somos simplesmente varridos como lixo no estrume da natureza?

Seu medo de ser simplesmente varrido para o lixo, com a morte, é provavelmente condicionado por tudo o que os cientistas da natureza dizem a respeito da morte. Eles sabem falar sobre a morte apenas como o perecer e transformar-se de plantas e animais. As dúvidas quanto ao que a tradição cristã declara, a saber, que na morte nós vamos ao encontro de Deus e que nós não seremos excluídos do amor de Deus nos obrigam a refletir mais rigorosamente sobre o que nos aguarda na morte. Não podemos dizê-lo com absoluta segurança. Podemos, no entanto, confiar naquilo que a mensagem dos apóstolos nos promete a respeito da ressurreição de Jesus e de nossa própria ressurreição. C.G. Jung diz que essa mensagem pelo menos corresponde à sabedoria de nossa alma. Está inscrito profunda-

Eu aposto nessa carta. Minha *ânsia* mais profunda não é simplesmente um truque da natureza para que eu possa sobreviver aqui.

mente em nossa alma o saber de que a morte não é o fim, mas um recomeço, uma transformação não em moléculas, mas na forma perfeita que Deus idealizou para nós quando nascemos. Quando vierem as dúvidas, acolha-as serenamente. Mas, então, diga para si mesmo: Eu confio na mensagem da Bíblia. Eu aposto nessa carta. Minha ânsia mais profunda não é simplesmente um truque da natureza para que eu possa sobreviver aqui, mas corresponde ao pressentimento mais profundo da alma. E nesse pressentimento eu confio. Eu irei ao encontro de Deus como esta pessoa única e singular. Em Deus será consumado tudo aquilo que eu tentei realizar aqui. Então, a minha pessoa resplandecerá em seu brilho originário e encontrará em Deus a sua consumação.

EU já passei dos 75 anos de idade e, após a morte de meu marido, vivo em um asilo para idosos. Não espero por ninguém e ninguém espera por mim. Minha vida não tem mais nenhum conteúdo. Quase não tenho visitas. Filhos eu não tenho. E muitos dos que têm a mesma idade que eu ou já faleceram ou não podem mais fazer nada por si mesmos. Para as assistentes, que de qualquer maneira já são sobrecarregadas, eu sou propriamente apenas um peso.

Para que é que eu devo continuar vivendo?

É doloroso que ninguém a visite e você se sinta sem relações e inútil no asilo para idosos. Se você disser sim a si mesma e ao seu envelhecimento, se você encontrar em Deus seu fundamento e irradiar a misericórdia e a clemência de Deus, então você se torna uma bênção para as pessoas no asilo, para as que lhe dão assistência e para as que moram junto com você. Com sua vida, você deixa vestígios bem singulares neste mundo. E seria lamentável que você mesma desmanchasse seus vestígios ou que eles fossem apenas vestígios de decepção e amargura. Tente, em sua solidão, abrir-se para as muitas pessoas solitárias que há hoje no mundo. Reze por elas. Então você sentirá que sua vida tem um sentido. Você não perde a esperança. Mesmo não podendo

Tente, em sua *solidão*, abrir-se para as muitas pessoas solitárias que há hoje no mundo.

mais realizar nada, você pode, no entanto, irradiar algo que faz bem a este mundo: clemência e bondade, amor e misericórdia, sabedoria e liberdade. Você tem um valor inviolável. Ele não depende de alguém visitá-la ou não. Acredite no seu valor e no valor de todas as outras pessoas que moram junto com você. Então você difundirá ao seu redor uma atmosfera benfazeja e encorajadora. Então você se tornará uma fonte de bênçãos para outras pessoas. E, de qualquer maneira, vale a pena lutar por isso, não perder a esperança, mas, pelo contrário, ser até o fim – mesmo na maior fragilidade – permeável a Deus.

AO longo de minha vida, eu tive de renunciar a muita coisa e tenho a impressão de que no final estou também aí de mãos vazias.

Se eu olhar retrospectivamente para minha vida e fizer um balanço, não fica muita coisa.

Não importa o que você, no final de sua vida, tem a apresentar. Trata-se, antes, de oferecer-nos a Deus com nossas mãos vazias, para que Deus preencha nosso vazio com o seu amor. Você está bem acompanhada quando tem a sensação de que, no final, está aí de mãos vazias. Um pouco antes de sua morte, Karl Richter, que fascinou milhares de pessoas com seu modo de musicar as cantatas e paixões de Johann Sebastian Bach, mostrou a um amigo flautista o papel que sempre carregava consigo em sua mala. Era o papel no qual estavam escritas algumas palavras do testamento de Martinho Lutero: "Nós somos todos mendigos". Perante Deus, em última instância, nós não podemos apresentar nada. Perante ele, nossas mãos estão sempre vazias. São mãos de mendigos. No entanto, nós podemos confiar que Deus preencherá nossas mãos vazias com seu amor, com sua glória, com todos os dons que Ele nos prometeu. Portanto, em

As mãos vazias preparam-nos para a *entrega*, que é o que importa, em última instância.

vez de ter medo de comparecer perante Deus de mãos vazias, abra bem as suas mãos para que Deus possa tocá-las e preenchê-las. Mesmo que nós tenhamos realizado e produzido muita coisa neste mundo, como o fez Martinho Lutero, no final das contas tudo isso não é nada em comparação com o Deus infinito. É uma boa atitude entregar-se a Deus na morte, libertar-se da pressão de ter de realizar ou do medo de ter de apresentar algo ou provar algo a Deus. As mãos vazias preparam-nos para a entrega, que é o que importa, em última instância. No final, nada é mais importante do que nos entregarmos a Deus de mãos vazias e confiarmos em sua misericórdia e bondade.

Conclusão

Certamente, às perguntas que eu respondi aqui neste livro não cobrem as muitas questões que você ainda sente em seu coração. Formule as questões que afetam você próprio. E tente você mesmo encontrar para si uma resposta, uma resposta que satisfaça seu coração. E, se não encontrar para si nenhuma resposta, fale então a esse respeito com outras pessoas, com amigos e amigas, com um terapeuta, com um padre, com pessoas que tenham experiência no acompanhamento espiritual ou com um teólogo. A teologia concebe como sendo sua tarefa não projetar um sistema dogmático qualquer, mas responder às perguntas que incomodam as pessoas. Para muitas perguntas, você não encontrará qualquer resposta, nem mesmo de uma outra pessoa. Então você deveria suportar viver sem resposta. Se você continuar perguntando, pode então pouco a pouco ir se formando uma resposta em seu coração. Talvez lhe seja útil introduzir em suas questões palavras da Bíblia ou ler a Bíblia.

Então, por meio da confrontação com palavras bíblicas, pode formar-se em você uma resposta bem pessoal.

Muitas perguntas neste livro visam a um agir bem concreto: Que devo eu fazer? Há situações na vida em que eu nem sempre posso esperar até receber de fora uma resposta clara. Em uma tal situação, formule a pergunta pelo correto agir e apresente a Deus sua pergunta em seu coração. Ele não lhe dará resposta clara alguma ou imediata, nenhuma resposta que você possa, descansadamente, levar para sua casa. Chegar-se-ia a uma obediência infantil se Deus nos desse resposta para tudo e prescrevesse claramente o que nós temos de fazer. No entanto, na oração, pode desenvolver-se em você uma percepção intuitiva daquilo que deve fazer e do modo como deve se decidir. Confie no seu sentimento. Deus lhe fala por meio de sua consciência, por meio de seu corpo e muitas vezes por meio de seus sonhos. Portanto, você não está largado, sozinho, com suas perguntas. Deus lhe responde. Você só precisa escutar direito e escutar a si mesmo. Ali onde há mais amor, paz, vitalidade, liberdade e amplidão, ali você encontra a resposta certa para suas questões, ali você encontra a vontade de Deus, que lhe faz bem e o conduz à vida bem singular que Ele idealizou para você.

Eu lhe desejo que as respostas que eu tentei dar neste livro o estimulem a encontrar uma resposta para si mesmo e também para suas questões que não foram abordadas neste livro. Que o anjo da clareza se digne acompanhá-lo nesse processo e encorajá-lo a fazer o que corresponde à sua essência e o conduz à vida.